코로나시대
집콕을 즐기는 방법

코로나시대
집콕을 즐기는 방법

하루에도 몇 번씩
힘겨운 감정싸움을 하고 있는 당신에게

YM기획 엮음 | 차희연 감수

베프북스
Best Friend Books

감정을 다룬다는 것,
그 큰 의미

"너무 욱해요. 이거 병인가요?"

"저는 감정조절이 힘들어요."

"제 아들이 분노조절장애 같아요."

　참 많은 사람들이 감정을 조절하지 못하는 자신을 발견하면 당황한다. 사실 감정을 조절하는 방법을 단 한 번도 배운 적이 없었을 뿐인데 말이다.

　"남자는 일생 동안 세 번만 울어야 한다."

　"너 울면 고추 떨어진다."

　"여자가 웃음이 헤프면 안 된다."

　이런 말로 자신의 감정을 표현하고 드러낸 순간에 적절한 대처를 하는 방법을 알려주지 못한다. 배우지 못했기 때문에 감정을 다루지 못하는 것은 너무나 당연한 일이다. 감정을 느끼고 표현하고 다루는 방법을 배운 적이 없으니 항상 참고 억제만 하는 것이 당연하다고 여긴다.

　어느 날 성인이 되어서 드디어 자신이 욱하고 화를 내더라도 자신에게 그것을 지적하는 사람이 없어지게 되면서 자기 스스로에게 의문이 들기 시작한다.

'예전에는 화도 안 내고 욱하지 않았는데 요즘 왜 그러지? 뭐가 잘 못된 것은 아닐까?'

자신이 느끼는 감정들 중에 반드시 표현하고 해소하고 털어내고 가야만 하는 것들이 있다. 특히 분노는 느끼게 되는 순간부터 관리를 해야만 한다. 왜 화가 나는 것인지 그 이유를 찾아봐야 비슷한 상황이 왔을 때 알아차리고 자신의 분노를 관리할 수 있다. 화가 났을 때 분노에 휩쓸리지 않고 참기도 하고 필요하다면 화가 났다는 사실을 알리기도 해야 한다. 매번 같은 이유로 화가 날 수밖에 없다면 상대방에게 화가 났다는 사실을 알려야지 서로 조심할 수 있다. 짜증부터 격노까지 수없이 많은 감정의 스펙트럼 사이에서 각기 다른 감정들을 다루는 방법을 하나씩 배워나가야 한다. 가벼운 짜증은 혼자 감당하고 털어낼 수 있다면 털어내면 되고, 크게 화를 내야만 문제가 해결된다면 전략적으로 화를 내기도 해야 한다. 만약 대화를 통해서 해결할 수 있다면 '화내지 않고 화내는 기술'을 배워야 한다.

분노와 감정에 관하여 많은 이론서와 자기계발서들이 있지만 실용서가 많지 않다. 바로 이 책이 우리의 마음을 달래주는 힐링 실용서가 될 것이다. 따뜻하면서 우리의 마음을 다독여주는 이 책을 통해서 많은 독자들이 자신을 만나고 자신의 감정을 만나는 시간이 되길 바란다.

차희연
(HRD VITA Consulting 대표, 감성소통리더십센터장,
감정조절코칭협회장HRD VITA Consulting 대표)

하루에도 몇 번씩 힘겨운 감정싸움을 하고 있는 당신에게

누구에게나 반짝반짝 빛나는 감정으로 충만한 때가 있습니다.
때로는 나를 소중히 여겨주는 누군가의 사랑에,
때로는 누군가를 소중히 여기는 사랑이,
예상치 못하게 건네받은 위로나 격려가
반짝반짝 당신의 심장을 윤이 나게 닦아줍니다.

하지만 그 반짝임으로 충만한 시간이 지나면
우리는 어떤가요?

'나도 반짝반짝 빛나던 때가 있었지. 지금은 아무도 날 사랑하지
않아.'
'힘들어 죽겠어. 왜 나한테만 이런 일이 일어나지?'
'왜 이거밖에 못하는 거야. 왜 사니, 왜 살아?'

'저 인간은 오늘 또 왜 저래? 이놈의 회사 확 때려칠까보다.'

하루에도 몇 번씩 치솟는 분노와
바닥을 기다 못해 지하 깊숙이 꺼져버린 의욕과
우울과 스트레스의 미로 속을 헤매고 있지는 않나요?

지금 우리 주변엔 반짝반짝 빛만 날 것 같은
유명 스타들이 공황장애나 우울증을 호소하고
청소년, 노인 할 것 없이
스스로 생을 마감하는 일들이 빈번하게 일어나고 있습니다.
SNS에는 행복에 겨운 삶이 가득하지만
정작 우리 사회는 만성 우울과 분노에 잠겨 있는 듯합니다.
한때 그들을, 우리를 가득 채웠던 반짝이던 감정들은
모두 어디로 사라져버린 걸까요?

누군가의 사랑, 위로, 격려, 잠깐의 열정으로 닦인 감정은
결코 영원히 내 것일 수 없습니다.
결국 스스로 하루하루 나를 소중히 닦아나가는 수밖에요.

이 책은 내 마음 속 감정들을 들여다보고,
그 감정을 소중하게 꺼내어 불필요한 것들은 털어버리고

반짝반짝 닦아내는 당신만의 감정 노트입니다.

거창한 이론이 담긴 심리치유서가 아닙니다.

결국, 당신의 감정을 알아주고 풀어주고 보듬는 건

스스로가 해내야 하는 일이기 때문입니다.

어쩌면 별것 아닌 이야기와 질문, 낙서들일지 모릅니다.

하지만 스스로 묻고 답하며 끄적이고 그리면서

조금이나마 내 속을 채우고 있는 감정들을 들여다보고

세상 단 하나뿐인, 당신만의 감정 사용설명서를

완성해 나갈 수 있기를 간절히 바랍니다.

일러두기

★ 이 책의 물음들은 하나의 정답이 있는 물음이 아닙니다. 당신만의 방에서 당신만의 답을 써내려가는 것만으로 충분합니다.

★ 책 곳곳에 자리한 큐알코드를 큐알코드리더기로 찍으면 음악이나 영상을 감상하거나 관련 자료들을 만날 수 있습니다.

★ 심한 감정 조절의 어려움을 겪고 있다면 전문가의 진료나 상담을 받는 것을 망설이지 마세요. 이 책의 감수를 도와주신 차희연 소장님의 한국감정조절코칭연구소에서 상담과 프로그램을 신청할 수 있습니다.(www.hrdvita.com)

| 차례 |

3장_HEAL 내 감정 안기

4장_ 내 감정 노트

부록

1장

STOP
잠시 멈춤

내 감정
들여다보기

하루에도 몇 번씩 그린다
그놈의 참을 인!

참는 것 좋지요.
시끄러운 일은 없을 테고
주변 사람들의 기분도 상하지 않을 테고.
그.런.데.
가슴팍에 꽉 걸려 점점 더 당신의 목을 죄고 있는
'화병'은 어떻게 해야 하나요?
화병이 깊어지면 분노조절장애와 같은
부작용이 생기기 쉽습니다.
작은 화도 참지 못하고 공격적으로 드러내는
분노조절 장애는 무작정 참거나,
적절히 표현하지 못할 때 생기기 쉽다고 하니
지금이라도 꽉 막힌 가슴팍을 눈여겨봐야 하지 않을까요?

☆ 분노조절장애

의학적 명칭으로는 '간헐적폭발성장애'라고 합니다. 자신의 의사와는 관계없이 사소한 자극이나 스트레스에 의해 행동이 일어나는데, 평소에는 충동조절이 잘 되고, 공격적 행동도 없어서 정신질환임을 자각하기 쉽지 않습니다.

☆ 내 감정 돌아보기 : 내 분노조절력은 괜찮을까?

🔥 분 노 조 절 지 수　체 크 리 스 트 🔥

☐ 성격이 급하며 금방 흥분하는 편이다.

☐ 내가 한 일이 잘한 일이라면 반드시 인정받아야 하며, 그러지 못하면 화가 난다.

☐ 온라인 게임에서 본인의 의도대로 되지 않아 화가 난 적이 여러 번 있다.

☐ 하는 일이 잘 풀리지 않으면 쉽게 포기하고 좌절한다.

☐ 타인의 잘못을 그냥 넘기지 못하고 꼭 마찰이 일어난다.

☐ 다른 사람들이 나를 무시하는 것 같고, 억울하다는 생각이 자주 든다.

☐ 분노의 감정을 어떻게 해야 할지 모르겠다.

☐ 중요한 일을 앞두고 화가 나 그 일을 망친 적이 있다.

☐ 내 잘못도 다른 사람 탓을 하면서 화를 낸다.

□ 화가 나면 상대방에게 거친 말과 함께 폭력을 행사하게
  된다.

□ 화가 나면 주변의 물건을 집어 던진다.

□ 분이 쉽게 풀리지 않아 우는 경우가 종종 있다.

진 단 결 과

0~2점	감정조절에 문제 없음
3~8점	어느 정도 감정조절 가능 단계
9~15점	감정조절 능력 상당히 부족함
16점 이상	전문가와의 상담 필요함

"오늘의 토닥토닥"

사람들은 저마다 마음이 아플 때
유일한 치유법을 하나씩 가지고 있다.
술을 마시고 노래를 하고 화를 내고 웃고 울고
친구들에게 하소연하고 여행을 가고 마라톤을 하고
하지만 가장 최악인 것은
그 아픔을 외면해 버리는 것이다.

- 드라마 <내 이름은 김삼순> 中

영상 중국 운전면허 시험에
'분노조절테스트' 등장

분노 신호가 켜질 때

네가 화낸 날들을 헤아려보라.
나는 매일같이 화를 냈었다.
그러던 것이 이틀 만에,
그다음에는 사흘 만에 화를 내게 되었다.
그리하여 만일 너희가 성냄을
한 달 동안 잊게 되거든
그때는 신께 감사의 제물을 올려라.
- 에픽테토스

감정은 폭발하기 전 여러 신호를 보냅니다.
특히 상대방에게 공격성을 드러내기 쉬운 '분노'의 경우,
폭발 직전에 나타나는 신호들을 미리 알아두고
그럴 때를 대비한 나만의 응급처치 매뉴얼을
만들어두는 것이 필요하답니다.
얼굴이 붉어지거나, 가슴이 답답하거나, 목소리가 떨리는 등
분노 폭발 직전 나에게는 어떤 신호가 켜지는지
한 번 체크해보세요.

✍ 내 분노 신호는?

분노 정도	분노 신호	증상
약		예) 가슴이 답답하고 숨이 가쁘다.
중		
강		

✧ 분노 신호가 켜졌을 때 긴급 대처 매뉴얼

1. 분노가 폭발하기 전에 그 자리를 벗어난다.

2. 벗어나기 어려운 상황(회의나 수업 중, 상사와의 대화 중 등)인 경우, 타임아웃 방식으로 폭발을 막는다.

   타임아웃 방식 : 전문가들이 추천하는 방식으로 분노 신호가 오면 하나부터 열까지 숫자를 세는 방법이 있다. 보통 사람들은 외부 자극을 받으면 30초 안에 분노 폭발이 일어나는 데, 30초의 시간을 잘 보내면 분노를 조절할 수 있기 때문에 천천히 숫자를 세는 것이 도움이 될 수 있다.

3. 강도 '강'의 분노 신호가 켜지기 전에 상대방에게 불만이나 분노를 적절히 표현한다. (이 방법에 대해 '2장. 현명하게 감정 드러내기' 참고)

"오늘의 토닥토닥"

선택의 순간들을 모아두면
그게 삶이고 인생이 되는 거예요.
매 순간 어떤 선택을 하느냐,
그게 바로 삶의 질을 결정짓는 거 아니겠어요?

- 드라마 <미생> 中

영상 참다 보면 생기는 화병,
가면 우울증의 특징과 많이 나타나는 직업군

내 감정 지도
이 분노는 어디에서 왔을까?

물건을 잃어버렸을 때,
혹은 중요한 기억이 떠오르지 않을 때
지금 있는 자리에서부터
차근차근 되짚어 가는 것이 도움이 되지요.
분노를 잘 다스리기 위해서는
그 분노의 출발지가 중요합니다.
상대방의 말, 행동, 내가 처한 상황 등
내가 분노하는 지점을 정확히 파악해야
응급처치가 아닌, 적절한 대처법을 모색할 수 있겠지요.
자, 그럼 지금부터 내 감정의 지도를 그려 볼까요?
마치 잃어버린 물건을 찾아
시간과 행적 순으로 길을 더듬어 돌아가듯이 말이지요.

↳ 최근 3개월 중에 분노를 폭발했던(또는 심한 분노감을 느꼈던) 적이 있나요? 세 가지만 써보세요.

◁ 조금 더 구체적으로 떠올려 보세요.

	1	2	3
언제?			
어디에 있었나요?			
누구와 함께 있었나요?			
무엇을 하고 있었나요?			
왜 화가 났나요?			
당시 내 상태 / 상황은? (건강, 정신적, 재정, 인간관계 등)			
분노 정도 (별5개를 최고라고 할 때)	☆☆☆☆☆	☆☆☆☆☆	☆☆☆☆☆

☝ 내 분노는 어디서부터 왔을까?

표의 내용 중에 겹치는 부분이 있는지 동그라미 쳐보세요. 자주 등장하는 이름이나 내용이 있나요? 이것을 통해 당신의 화를 유발하는 게 특정 사람인지, 특정 시간인지, 특정 말이나 행동인지, 내 상태나 환경인지를 알아볼 수 있습니다.

☝ 내 분노를 피하는 방법은?

원인을 알았다면 치솟는 분노를 막을 방법도 찾을 수 있겠지요? 어떻게 하면 분노감을 최대한 느끼지 않을 수 있을까요? 자신에게 맞는 방법을 고민해보세요.

"오늘의 토닥토닥"

내가 니 편이 되어줄게
괜찮다 말해줄게
다 잘 될 거라고 넌 빛날 거라고
넌 나에게 소중하다고

- 커피소년, '내가 니 편이 되어줄게' 中

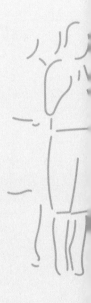

음악 커피소년, '내가 니 편이 되어줄게'

분노와 우울,
종이 한 장 차이

우울하다 우울해 지금 이 시간엔 우울하다
우울하다 우울해 지금이 몇 시지? 열한 시 반
우울하다 우울해 또 우울시계가 째깍째깍
- 아이유, '우울 시계' 中

분노를 뜻하는 영어 'anger'가 괴로움을 뜻하는 'anguish'와
같은 어원이라는 사실 알고 있나요?
어떤 형태의 우울증은 분노로 표출이 되기도 하지요.
그래서 분노와 우울은 종이 한 장 차이라고 말하나봅니다.
하지만 공격적으로 폭발하는 분노에 비해
서서히 몸과 마음을 잠식해버리는 우울이
어쩌면 더 위험할지도 모릅니다.
당신의 우울감, 괜찮나요?

☆내 감정 돌아보기 : 우울증 자가진단 테스트

최근 2주 간의 느낌을 기준으로 자신에게 해당되는 항목에 체크해보세요.

우 울 증   자 가 진 단   테 스 트

☐ 대부분의 날들 동안 슬프거나 우울한 느낌이 든다.

☐ 이전보다 더 자주 운다.

☐ 식성에 변화가 있다.

☐ 에너지가 감소되었다.

☐ 보통 때보다 더 짜증이 난다.

☐ 주의력과 집중력이 저하되었다.

☐ 많은 시간 동안 슬프거나 불행한 느낌이 든다.

☐ 뭔가 하려는 동기가 감소된 것을 느낀다.

☐ 이전보다 죄책감을 더 많이 느낀다.

☐ 미래에 희망이 없다고 느낀다.

☐ 보통 때보다 당신 스스로가 더 싫다고 느낀다.

☐ 활동들 또는 다른 사람들에 대한 관심을 잃었다.

☐ 보통 때보다 더 피곤함을 느낀다.

☐ 보통 때보다 결정을 내리는 것이 더 힘들어졌다.

☐ 자살에 대해 생각한다.

진 단 결 과

적어도 다섯 가지 항목에 체크를 했다면, 당신은 유의미한 우울증상을 갖고 있다고 할 수 있다. 체크한 항목이 많을수록 그 정도는 심각하다고 보며, "자살에 대해 생각한다"는 항목에 체크를 한 경우는 체크한 항목 수와 관계 없이 반드시 전문가 상담을 받아야 한다.

"오늘의 토닥토닥"

잘못된 일만 생각하지 마.
항상 되돌릴 방법은 있어.

- 영화, <인사이드 아웃> 中

영상   가장 보통의 존재, 나의 우울증 이야기

우울 신호가 켜질 때

누구나 자신만의 세계가 있습니다.
저마다 주어진 현실을
과거의 경험, 무의식, 감정 등을 통해
주관적으로 받아들이는 것.
그것을 정신의학에서는
'정신적 현실(psychic reality)'이라고 부르지요.
마치 빨간색 선글라스를 쓰면 온 세상이 빨간색으로 보이듯,
'우울'이라는 안경을 쓴 사람에게 현실은
그야말로 절망과 우울의 늪일 수밖에 없습니다.
우울감이 나를 엄습할 때가 있나요?
그럼 빨간색 선글라스를 떠올려보세요.
'그래, 어쩌면 내 생각보다 상황이 더 희망적일지도 몰라.'
'이걸 벗고 다시 한 번 보자.'라고 말이지요.

✧ 내 우울 신호는?

우울감은 공격적으로 표출되지 않는 경우가 많아 그 신호를 발견하기가 쉽지 않습니다. 감정, 두뇌, 신체로 나눠 자신의 상태를 다시 한 번 체크하고 구체적으로 써보며 자신의 상태를 객관적으로 바라보는 시간을 가져보세요.

우울 정도	우울 신호	구체적 신호
감정	취미나 외부활동 중단 등 흥미, 관심의 상실	
두뇌	집중력, 인지기능 저하 (어떤 일을 끝까지 마치지 못함)	
신체	수면장애, 불안증 (우울증 환자의 4/5가 수면장애를, 90%가 불안 증상을 가짐)	

☆ 우울 신호가 켜졌을 때 긴급 대처 매뉴얼

1. 과도한 일을 멈추고 환기를 시키거나 산책을 가는 등 외부활동을 한다.

2. 자신을 도와줄 수 있는 사람(가족, 친구, 의사 등)을 찾아
   자신의 상황을 알린다.

3. 사람들과 약속을 잡고 자주 어울린다.

4. 신호가 켜졌을 때 중요한 결정은 하지 않는다. (이혼, 이직 등)

"오늘의 토닥토닥"

≈≈≈≈≈≈

그대는 누가 뭐라 해도 우주 유일의 존재다.

- 이외수, 《하악하악》中

음악   우울할 때 듣는 응원가 / 제이레빗, '요즘 너 말야'

내 감정 지도
이 우울은 어디에서 왔을까?

꾸물꾸물한 날씨 때문일까
제대로 해내지 못한 이별 때문일까
은근슬쩍 갑질하려드는 직장 동료 때문일까
출산 후 변해버린 내 모습 때문일까
차근차근 되짚어 그려보는 감정 지도를 따라 가보세요.

✍ 최근 3개월 중에 심한 우울감을 느꼈던 적이 있나요? 세 가지만 써보세요.

☆ 조금 더 구체적으로 떠올려 보세요.

	1	2	3
언제?			
어디에 있었나요?			
누구와 함께 있었나요?			
무엇을 하고 있었나요?			
왜 우울감을 느꼈나요?			
당시 내 상태 / 상황은? (건강, 정신적, 재정, 인간관계 등)			
우울 정도 (별5개를 최고라고 할 때)	☆☆☆☆☆	☆☆☆☆☆	☆☆☆☆☆

✍ 내 우울은 어디서부터 왔을까?

표의 내용 중에 겹치는 부분이 있는지 동그라미 쳐보세요. 자주 등장하는 이름이나 내용이 있나요? 이것을 통해 당신의 우울감을 유발하는 게 특정 사람인지, 특정 시간인지, 특정 말이나 행동인지, 내 상태나 환경인지를 알아볼 수 있습니다.

✍ 내 우울을 피하는 방법은?

원인을 알았다면 한없이 꺼지는 감정을 막을 방법도 찾을 수 있겠지요? 어떻게 하면 우울감을 최대한 느끼지 않을 수 있을까요? 자신에게 맞는 방법을 고민해보세요.

성공은 몽땅 '운'이다.
우리는 단지 운이 떨어졌을 때 담는 그릇이다.
설령 운이 담기지 않았다 해도
가치 없는 그릇이 되는 건 아니다.

– 신해철(가수)

영상 비 오는 날 왜 우울해지지?

스트레스 신호가 켜질 때

"아, 수트뤠쓰!"
하루에도 몇 번씩 목구멍을 넘어오는 이 단어.
만병의 근원이라는 끔찍한 수식어에 걸맞게
급체, 위경련, 장염, 빈혈 등 거의 모든 병에
빠지지 않고 등장하는 이 단어.
너무 익숙해서 그냥 너랑 내가 한 몸인가 보다 하며
사이좋게 살아갈 마음먹게 되는
스. 트. 레. 스.
이제 그만 내 삶에서 사라져 주겠니?

♡ 스트레스 신호 자가진단

너무 익숙해서 잘 캐치해내기도 힘든 스트레스 신호. 생각이나 느낌으로 가늠하기보다 몸으로 오는 신호를 체크해보는 게 어떨까요? 최근 두 달 사이의 상태를 생각해 항목을 체크해보세요. 체크된 항목이 많을수록 스트레스 정도도 심각하다고 할 수 있습니다.

🔥 스 트 레 스 신 호 체 크 리 스 트 🔥

☐ 한 달에 2번 정도 심한 스트레스를 받는다고 느낀다.

☐ 주말 내내 휴식을 취해도 피로가 해소되지 않는다.

☐ 하루 종일 '운이 없다', '우울하다', '짜증난다'는 감정을 느낀 적이 있다.

☐ 최근 들어 성욕이 크게 떨어졌다.

☐ 살이 잘 찌는 편이다.

☐ 밀가루 음식이나 단 음식을 먹고 싶다.

☐ 기억력, 집중력이 떨어졌다.

☐ 평소 두통이 심하고 목, 어깨 등이 뭉치고 아프다.

☐ 소화가 잘 되지 않고 변비, 설사가 자주 발생한다.

☐ 몸살, 구내염 등이 자주 발생한다.

"오늘의 토닥토닥"

살다보면 괴로운 일이 있어.
하지만 어딘가에 희망은 반드시 있어.
희망이 없다면 찾으면 돼.
보이지 않는다면 만들면 돼.
그리고 만약 그 희망마저 잃어버렸다면
다시 처음부터 시작하면 돼.
희망은 사라지지 않아.
잠시 보이지 않을 뿐이지.

- 영화 <잠깐만 회사 좀 관두고 올게> 中

영상 스트레스 잘 받는 장소가 따로 있다?

감정화분 그리기

내 감정들의 신호와 원인을 캐치했다면
이제 내 감정의 패턴을 찾아볼까요?
내 감정의 원인부터 폭발했을 때의 행동과 결과까지
한눈에 볼 수 있게 '감정화분'을 그려보세요.
그러면 앞으로는 감정이 차오를 때마다
그로 인한 과정과 결과를 되새기며
감정을 좀 더 컨트롤 할 수 있을 거예요.

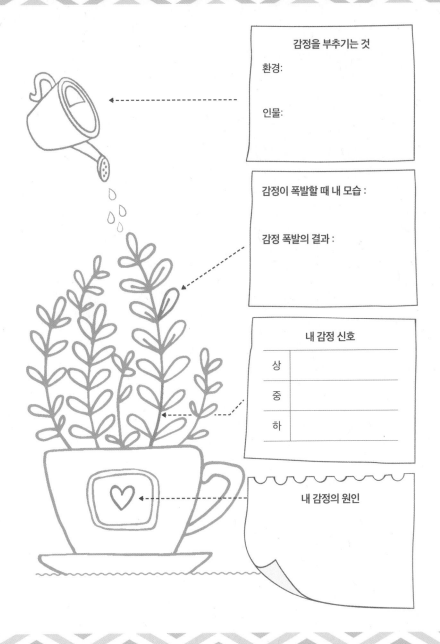

감정을 부추기는 것

환경:

인물:

감정이 폭발할 때 내 모습 :

감정 폭발의 결과 :

내 감정 신호

상	
중	
하	

내 감정의 원인

항상 옳지 않아도 돼, 나빠도 돼.
남한테 칭찬받으려고 사는 게 아니니까.

- 드라마 <연애의 발견> 中

다큐 **퇴사하고 오겠습니다**

감정의 정원을 거닐다

저녁이 있는 삶, 워라벨 등
일과 휴식의 균형을 찾는 사람들이 많아졌는데요.
출근과 함께 이성과 논리를 깨웠다면
퇴근과 함께 감정의 정원을 거닐어 보는 건 어떨까요?
설렘, 사랑, 열정…
당신의 작은 감정 정원엔 어떤 감정들이 심어져 있나요?
분노, 우울, 스트레스도 한 켠에 자리하고 있겠지만
걱정하지 마세요.
당신이 어느 화분에 어떤 공급을 해주느냐에 따라
당신의 정원은 달라질 테니까요.

☆ 아래 화분들에 감정들을 써놓고, 어떻게 관리하면 좋을지 계획도 세워보고 아름다운 색깔로 꾸며도 보세요. (예: '열정'화분 관리를 위해 침대 머리맡에 힘이 되는 말들을 메모해두고 매일 아침 소리 내서 읽기.)

강은 알고 있어. 서두르지 않아도
언젠가는 도착하게 되리라는 것을.

- 영화 <곰돌이 푸> 中

영상 보고만 있어도 힐링되는 음식 영화 4편 추천

2장

TALK

내 감정
털어놓기

내가 너의 이름을
불러주었을 때

막상 감정을 털어놓으려 해도 이게 어떤 감정인지,
어떻게 표현해야 할지 막막해지지는 않나요?
그렇다면 당신은,
평소 감정을 잘 드러내지 못하고 속앓이를 했거나
일상에 치여 무덤덤하게 넘기는 데
익숙한 사람일 확률이 높습니다.
그런데, 혹시 그거 아세요?
내가 느끼는 감정에 이름을 붙이고 불러주는 순간
그 감정을 조절할 수 있는 힘이 생긴다는 사실.
뇌과학에서 감정에 단어를 붙이는 순간
우측외배측전두피질에 영향을 미쳐서 편도체가 진정된다고 해요.
인지심리학에서도 감정 명명화 작업을 통해서
감정이 멈춰진다는 연구결과들이 많이 있지요.
이제, 당신의 감정에 이름을 알아보세요.
그리고 그 단어들로 당신의 감정을 표현해보세요.
한결 나아진 기분을 느낄 수 있을 거예요.

☆ 감정 단어

여기, 다양한 감정의 이름들이 있습니다. 지금 당신에게 해당되는 것, 또는 자주 당신이 느끼는 감정들을 찾아보세요.

걱정되는, 까마득한, 암담한, 염려되는, 근심하는, 신경 쓰이는, 뒤숭숭한,

무서운, 섬뜩한, 오싹한, 간담이 서늘해지는, 겁나는, 두려운, 진땀나는,

주눅 든, 불안한, 조바심 나는, 긴장한, 떨리는, 안절부절 못한, 조마조마한,

초조한, 불편한, 거북한, 겸연쩍은, 곤혹스러운, 멋쩍은, 쑥스러운, 언짢은,

괴로운, 난처한, 답답한, 갑갑한, 서먹한, 어색한, 찝찝한, 슬픈, 구슬픈,

그리운, 목이 메는, 서글픈, 서러운, 쓰라린, 애끓는, 울적한, 참담한, 처참

한, 한스러운, 비참한, 안타까운, 처연한, 서운한, 김빠진, 애석한, 야속한,

낙담한, 냉담한, 섭섭한, 외로운, 고독한, 공허한, 허전한, 허탈한, 막막한,

쓸쓸한, 허한, 우울한, 무력한, 무기력한, 침울한, 꿀꿀한, 피곤한, 고단한,

노곤한, 따분한, 맥 빠진, 귀찮은, 지겨운, 절망스러운, 좌절한, 힘든, 무료

한, 성가신, 지친, 심심한, 혐오스러운, 질린, 정떨어지는, 혼란스러운, 멍한,

창피한, 놀란, 민망한, 당혹스런, 부끄러운, 화나는, 끓어오르는, 속상한,

약 오르는, 분한, 울화가 치미는, 분개한, 억울한, 열 받는

☆ 긍정의 감정 단어

긍정적인 감정이 들 때 그것을 잘 표현하고 그 감정을 누리는 것 또한 중요하답니다. 우리가 자주 사용하지 않았던 긍정적인 감정 단어들을 보며 순간순간의 긍정적인 감정들을 그냥 흘려보내지 않도록 노력해 보세요.

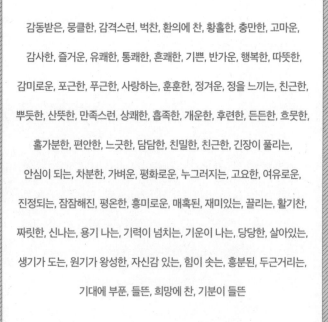

감동받은, 뭉클한, 감격스런, 벅찬, 환의에 찬, 황홀한, 충만한, 고마운,

감사한, 즐거운, 유쾌한, 통쾌한, 흔쾌한, 기쁜, 반가운, 행복한, 따뜻한,

감미로운, 포근한, 푸근한, 사랑하는, 훈훈한, 정겨운, 정을 느끼는, 친근한,

뿌듯한, 산뜻한, 만족스런, 상쾌한, 흡족한, 개운한, 후련한, 든든한, 흐뭇한,

홀가분한, 편안한, 느긋한, 담담한, 친밀한, 친근한, 긴장이 풀리는,

안심이 되는, 차분한, 가벼운, 평화로운, 누그러지는, 고요한, 여유로운,

진정되는, 잠잠해진, 평온한, 흥미로운, 매혹된, 재미있는, 끌리는, 활기찬,

짜릿한, 신나는, 용기 나는, 기력이 넘치는, 기운이 나는, 당당한, 살아있는,

생기가 도는, 원기가 왕성한, 자신감 있는, 힘이 솟는, 흥분된, 두근거리는,

기대에 부푼, 들뜬, 희망에 찬, 기분이 들뜬

누구냐, 넌?

감정은 당사자만이 느낄 수 있는
온전한 그 사람의 것입니다.
하지만 혹시,
타인이 내 감정의 주인이 되도록
내버려두지는 않았나요?
내 감정의 주인이 누구인지만 분명히 해도
감정을 컨트롤하는 데 큰 도움이 됩니다.
잊지 마세요.
당신의 감정을 지배하는 것은
바로 당신 자신이라는 것을.

✍ 혹시 주변 인물들 때문에 감정이 오르락내리락 하지는 않나요? 내 감정을
   쥐고 뒤흔드는 게 누구인가요?

분노 유발자	우울 유발자	스트레스 유발자	감정이 휘둘리는 정도
			☆☆☆☆☆
			☆☆☆☆☆
			☆☆☆☆☆

✍ 어떻게 하면 내가 내 감정의 주인일 수 있을까?

혼자 애쓰지 않아도 돼.
항상 곁에서 힘이 돼줄게.
그대 오늘도 참 잘 견뎌냈어요.

— 한기란, '위로'

글 직장 내 분노유발자 대처법

측은지심의 시동을 걸자

내 감정을 잡고 뒤흔드는 누군가를
어떻게 해결해야 할까요?
'도대체 나한테 왜 이러는 건데?'
'얼굴만 봐도 스트레스 쌓이네.'
의미 없는 감정 소모는 이제 그만!
먼저, 내 감정 소모를 최소화하기 위한
측은지심을 발동해 봅시다.
'진짜 불쌍한 사람이네. 내가 봐준다, 봐줘!'

☆ 측은지심은 남을 불쌍하게 여기는 착한 마음을 이르는 말로, '惻(슬퍼할 측), 隱(근심할 은), 之(의 지), 心(마음 심)'으로 이루어져 있습니다.

☆ 측은지심 발동하기

내 마음 깊숙한 곳까지 샅샅이 뒤져 착한 마음을 모조리 끌어 모아 측은지심의 시동을 걸어봅시다. 유치해도 뭐 어떤가요? 이렇게 해서라도 내 감정 소모를 줄일 수 있다면, 조금이라도 스트레스를 덜 받을 수 있다면 그걸로 된 거지요. 내 세상의 중심은 바로 나, 아니겠어요?

내 감정 유발자	불쌍히 여길 점	내가 그 사람보다 더 나은 점
	1. 2. 3.	1. 2. 3.
	1. 2. 3.	1. 2. 3.
	1. 2. 3.	1. 2. 3.
	1. 2. 3.	1. 2. 3.

"오늘의 토닥토닥"

위험한 곳에 과감하게 뛰어드는 것만이
용기가 아니다.
뛰어들고 싶은 유혹이 강렬한 곳을 외면하고
묵묵히 나의 길을 가는 것도 용기다.

-드라마 <미생>

영상 드라마 <미생> 명장면 모음

그래, 세상은
다채로우니까

내 안의 착한 심성이란 심성은 다 끌어 모아도
그 인간을 불쌍히 여길 마음이 없거든
초탈의 방법을 써봅시다.
'그래, 원래 그렇게 생겨 먹은 거야.
이유를 찾지 말자. 이해하려고 하지 말자.
그래, 세상은 다양한 사람이 사는 거니까.'
단, 이 방법에서 중요한 건
내 다양성 역시 존중받아야 한다는 점.
참아주는 것도 내 다양성을 침해받지 않는 선에서나
가능한 법.
마지노선을 정해두고, 그 이상의 말이나 행동을 할 경우
명확하고 단호하게 내 감정을 이야기하는 것이 중요합니다.

✍ **내 마지노선 선정하기** (예 : 성적 발언이나 행동을 하는 경우, 가족을 비방
하거나 인신공격을 하는 경우 등)

1.

2.

3.

✍ **경고 메시지**

감정이 차오를 때는 논리적으로 말하기가 어렵습니다. 미리 준비해 연습해
보세요. 최대한 감정이 없고 단호한 목소리로 말하는 것이 핵심! 경고 메시지
작성이 어렵다면 다음 페이지의 '현명하게 감정드러내기' 파트를 참고하세요.

"오늘의 토닥토닥"

억지로 안 되는 건 애쓰지 마라.
슬프고 괴로운 건 노상 우리 곁에 있는 거다.

- 드라마 <그냥 사랑하는 사이>

글   정신과 의사들의 스트레스 해소법은?

현명하게 감정 드러내기

화가 난 상태에서 씩씩거리며
또는 울먹거리며 두서없이 이야기하다가는
감정을 인정받기는커녕
오히려 뒷담화의 주인공이 되기 십상이지요.
감정이 진정됐을 때, 간단명료하게
이야기하는 것이 가장 효과적입니다.
앞서 제시했던 팁처럼
'타임아웃 방식' 등을 사용하여
감정이 격앙되었을 때는 감정을 먼저 다스린 다음
이야기할 내용을 잘 정리한 상태에서
이야기하는 것이 좋습니다.
내 감정, 어떻게 드러내는 게 현명할까요?

☆ 거절하기 Skill

무리한 업무나 부탁을 거절하지 못해 스트레스를 받는 경우가 많은데요. 거절에
도 몇 가지 지켜야 할 법칙이 있습니다. 현명하고 효과적인 거절 스킬, 어디 한 번
숙지해볼까요?

1. 얼굴 보며 이야기하기

모든 오해의 소지가 있는 대화는 얼굴을 보며 이야기하는 것이 좋습니다. 문
자나 통화는 표정이나 분위기 전달이 어렵기 때문에 오해의 소지가 있고, 의
도를 전달하는 데 효과적이지 못하답니다.

2. 완곡한 표현 사용할 것

'싫어요.'보다는 '좋은 제안인 것 같아요. 하지만 지금 하고 있는 프로젝트 보
고서 작성 때문에 어려울 것 같아요.'와 같이 바로 거절하기보다는 돌려서 거
절하는 표현이 적당합니다.

3. 희망고문하지 않기

한 번에 제대로 거절하지 못하면 계속 부탁을 받는 스트레스를 감수해야만
합니다. 완곡한 표현을 사용하되, "생각해볼게."와 같이 긍정의 여지를 두지
않는 것이 좋습니다.

4. 미안한 감정에 휩쓸리지 말자

미안한 감정에 자꾸 머뭇거리거나 대답을 회피하는 모습을 보인다면 상대방
은 더 집요하게 부탁할 확률이 높습니다. 거절하기로 결정했다면 망설이지

말고 일관된 답변을 유지합시다.

⚡ 화내기
'화'라는 감정을 표현하는 것만큼 어려운 일도 없지요. 폭력적이거나 흥분된 말과 행동을 보일 위험이 가장 큰 감정이기 때문입니다. 누가 봐도 멋있고 깔끔하면서도 상대방에게 경고가 될 수 있게 표현하는 것이 포인트!

1. 온화한 상태 찾기
화를 표현하기 전, 왜 화가 났는지 객관적으로 써보세요. 과거의 일을 들추지 말고 '지금' 화가 난 이유에 대해서만 집중하는 것이 중요합니다.

2. 간결하게 말하기
정리된 내용을 다시 최소한의 할 말과 단어로 두세 문장으로 추립니다. 그리고 그 문장에는 상대가 그런 언행을 해서는 안 되는 논리적이고 객관적인 이유가 포함되어야 합니다.
'나는 네가 아까처럼 사람들 앞에서 내 과거 실수를 농담거리로 이야기하지 않았으면 좋겠어. 나한테 그 실수는 떠올리고 싶지 않은 기억인데, 네가 농담거리로 이야기할 때마다 너무 화가 나.'

3. '나' 중심의 화법
불편한 대화는 완곡법을 최대한 활용하는 것이 현명한 방법입니다. 그 중에서도 '나' 중심의 화법은 타인에게 잘못을 탓하는 데 집중하기보다 내 감정을 설명하는 데 집중하기 때문에 상대방의 반발심을 최소화하면서 의견을 관철

시킬 수 있습니다.

4. 인신공격 하지 않기

감정에 앞서서 신체, 안 좋은 과거사, 가족 등을 공격하는 발언을 해서는 안
됩니다. 상대방이 아무리 안하무인이라도 나 역시 똑같은 사람이 되기보다
지킬 선은 지키는 것이 중요하다는 것을 기억하세요.

✍ 현명하게 감정 드러내기

어떤 상황에 어떤 말을 하면 좋을지 미리 대략의 문장들을 준비해둡시다.

이쪽 별에 앉아서
화려하고 당당한 저쪽 별을 바라보면
시들했던 내 꿈이 다시 막 뜨거워진달까.
있잖아, 나 지금은 비록 여기 있지만,
나중에 언젠가 그 누군가한테 희망이 되고
위안이 되는 빛나는 존재가 되고 싶어.
그게 크든 작든 화려하고 소박하든
그래서 마냥 저쪽이 부럽지만은 않아.

왜냐면 언젠가 반드시 저쪽에서
이쪽을 바라볼 날이 올 테니까.

- 웹툰 <무한동력>

행운의 편지

지나친 감정의 절제는 감정 마비 혹은 학습된 무기력, 홧병 등과
정신적인 문제를 일으킬 수도 있다는 사실, 알고 있나요?
분노, 원망과 같은 감정을 드러내지 못하고
억압하는 사람들은 그렇지 않은 이들에 비해
암이 더 잘 생긴다는 연구 결과가 나오기도 했지요.
적절하게 거절과 경고도 했지만 여전히 똑같은 상황이라면,
감정을 쉽게 드러낼 수 없는 상대라면 내 정신건강을 위해
스트레스가 확 풀리는 편지를 휘갈겨보는 건 어떨까요?
'이 편지는 영국에서 시작되어…'
편지지를 여는 순간부터 열이 '확' 받았던 행운의 편지,
기억하시나요?
내 감정 파괴자를 향한 정성어린 행운의 편지를 써봅시다.
'이런 행동을 한 건 정말 후회하게 될 거야.'
'나한테 ○○○라고 하지 마, 이 ○○○아!'
말로 표현하고 싶지만 차마 하지 못하는 대상
(직장 상사, 시어머니, 폭력적인 남편 등)을 행한 속시원한 편지를
써보는 것도 힐링에 도움이 된답니다.

to. ....

....

....

....

....

....

....

....

....

....

....

....

....

....

....

....

from. ....

"오늘의 토닥토닥"

〜〜〜〜

행복 총량의 법칙이라는 게 있다.
지금 닥친 불운만큼,
앞으로 행운이 찾아올 거라는 법칙.
나쁜 일이 생기면 곧 좋은 일이 일어날 테니,
쉽게 좌절하지 말고 버티라는 고마운 법칙.

- 드라마 <그녀는 예뻤다>

영상 스트레스 해소 영상

감정폭발
욕항아리

분노방이라고 들어보셨나요?
미국에서 시작된 분노방은
돈을 내고 그릇이나 소형 가전제품 등을
방망이나 골프채로 깨부수는 것으로
헐크처럼 변한다고 해서 '헐크 체험방'으로 불린다고 합니다.
하지만 전문가들은 이런 폭력적인 분노해소가
일회성으로 그치지 않고 점점 더 강도가 센 쾌락을 찾는
부작용이 발생할 수 있다고 경고하고 있습니다.
어떤 것이든 폭력적인 것은 완전한 해결책이 될 수 없습니다.
그래서 여기, 아무도 보지 않는 이곳에
당신을 위한 욕항아리를 들여놓았습니다.
대놓고 할 수는 없고 풀기는 풀어야 겠고
꽉 막힌 당신의 감정을 욕항아리에 풀어보세요.

매일 매일을 새롭게 살아가는 거야.
아침에 일어나면 새로운 결심들을 하는 거지.
너 자신에게 물어봐.
'오늘 나를 험담하는 바보 같은 말들에
귀 기울일 필요가 있을까?'

엄마가 네 삶을 결정해주는 것은 아니야.
네가 결정하는 거지.
너는 분명히 나중에 큰 일을 할 거야.

- 영화 <헬프>

크라잉 룸

우울증에 걸린 한 천재가 있었습니다.
세 살에 그리스어를 읽었고,
여덟 살이 되기 전에 플라톤을 읽었지만
엄격한 아버지의 교육법 때문에 우울증에 빠지고 말았지요.
스물한 살에 신경쇠약에 시달리던 그는
어느 날 마르몽텔의《회상》을 읽게 됩니다.
그런데 그 책의 한 대목을 마주한 그의 눈에서
눈물이 떨어졌습니다.
그는 자신이 흘리는 눈물을 보며,
죽은 줄 알았던 감정과 마주합니다.
그리고 자신을 둘러싼 우울증에서 벗어나게 되지요.
이후 이 천재는 근대 자유주의와 민주주의를 정립하는
《자유론》을 집필합니다.
그렇습니다. 이 천재가 바로 존 스튜어트 밀입니다.

때로는 눈물을 억지로 참기보다
원 없이 쏟아내는 것도 필요합니다.
자신의 감정과 마주하고 그것을 쏟아낼 때
진정한 자신을 만나고 자유함을 느낄 수 있을지 모릅니다.
오늘, 나만의 크라잉룸에서 묵혔던 눈물을
펑펑 쏟아내 보는 건 어떨까요?

☆ 당신의 크라잉룸을 위한 영화

심리학자 폴 J. 자크의 실험 결과, 감성적인 영화는 옥시토신의 분비를 촉진하여 관용, 공감 능력, 행복, 이타심을 이끌어낸다는 사실이 밝혀졌습니다. 또 다른 연구에서는 슬픈 영화를 보고 잘 우는 사람들은 그렇지 않은 사람들보다 정신적으로 건강하다는 사실이 밝혀졌는데요. 당신의 크라잉룸을 위한 눈물과 감동 가득한 영화 몇 편을 추천해드립니다.

사랑, 그 자체인 영화
<아무르>

깐느영화제 황금종려상을 수상한 걸작으로 평가되는 이 영화는 평화로운 노후를 보내던 음악가 출신 노부부의 일상에서 시작합니다. 어느 날, 아내 안느에게 갑자기 마비 증세가 오고 그들의 삶은 하루아침에 달라집니다. 남편 조르주는 아내를 헌신적으로 돌보지만 아내는 하루가 다르게 병들어 갑니다. 하지만 늘 품위를 유지하며 웃음을 잃지 않으려는 안느. 어느 날 친구 장례식에 다녀온 조르주는 문 앞에 주저앉은 안느를 발견합니다. 휠체어에서 실수로 넘어져 몇 시간 동안을 그 자리에 주저앉아 있어야 했던 안느의 사정을 아는 조르주는 마음이 아려옵니다.

> "
> 계속 살아야 할 이유를 모르겠어.
> 앞으로 더 힘들어질 게 뻔하잖아.
> 우리가 왜 같이 힘들어야 해?
> "

'아무르' 예고편

두 사람을 둘러싼 세상은 아무것도 변하지 않았지만, 조르주의 노력에도 안느의 병은 깊어만 갑니다. 마지막을 향해 가는 아내를 위해 그는 어떻게 사랑을 지켜나갈까요?

우리 모두의 가족 이야기
<세상에서 가장 아름다운 이별>

1996년 MBC 창사 특집 드라마로 방영되었던 노희경 작가의 드라마 《세상에서 가장 아름다운 이별》을 원작으로 한 영화입니다. 최근 4부작 드라마로 리메이크되기도 했지요. 며느리, 아내, 그리고 어머니의 이름으로 가족을 위해 삶을 희생한 한 여자의 일생을 그린 작품으로, 2013년도 7월 12일에 시행된 고3 전국모의고사 언어영역에서 스토리 후반부 일부가 독해 지문으로 출제되어 '고3 학생들 울린 지문'으로 화제가 되기도 했습니다.

치매에 걸려 걸핏하면 머리채를 휘어잡는 시어머니, 집안일에 무관심하고 무뚝뚝한 남편 정철, 바쁜 일상에 지쳐 있는 딸 연수, 여자친구 밖에 모르는 삼수생 아들 정수, 툭 하면 사고치는 백수 외삼촌 부부 근덕과 선애, 그리고 그들을 위해 모든 것을 바쳐 사는 어머니 인희, 그들의 일상에 찾아온 이별. 평범한 가족들이 선물하는 깊은 감동을 느껴보세요.

" 엄마, 미안해. 귀찮아서 그랬어.
그래, 알아. 나도 그랬어. 딸일 때. "

'세상에서 가장 아름
다운 이별' 예고편

아빠 딸이어서 고맙습니다
<7번방의 선물>

7살 딸 예승이와 세일러문만 있으면 세상 어느 것도 부럽지 않은 6살 지능의
딸바보 용구. 입학을 앞둔 예승이에게 세일러문 가방을 사주기 위해 열심히
일하는 용구에게 느닷없이 경찰들이 들이닥칩니다. 흉악범들로 가득한 교도
소 7번방에 수감된 용구는 혼자 지낼 딸 걱정에 결국 딸을 교도소로 데려올
계획을 세웁니다.

'7번 방의 선물'
예고편

"
제가 그랬어요.
제가 죽였어요.
우리 예승이 잘 부탁합니다.
잘못했습니다.
"

지능은 떨어져도 자식을 사랑하는 마음만큼은 떨어지지 않는 아버지와 딸의
애절하고도 순수한 사랑 이야기는 울컥 눈물을 쏟게 만듭니다. 훌륭한 배우
들의 명연기와 찰떡 호흡 또한 이 영화의 감동을 더해줍니다.

"오늘의 토닥토닥"

가장 낮게 나는 새가 가장 자세히 본다.

- 도종환, <버려야 할 것과 버리지 말아야 할 것>

글 감정 없는 냉혈한은 더 건강할까?

영혼을 어루만지는
소울 푸드

짜증날 땐 짜장면 우울할 땐 울면
복잡할 땐 볶음밥 탕탕탕탕 탕수육~ ♬
노래처럼 그때그때 기분에 맞춰
음식을 처방받을 수 있다면 얼마나 좋을까요?
실제로 음식이 감정에 영향을 미치기도 하는데요.
우울할 때는 무기력함을 떨쳐주는 상큼한 음식이 좋고,
화가 날 땐 몸의 온도가 올라가기 때문에
몸을 차갑게 식혀주는 음식이 좋다고 합니다.
그리고 두려울 때는 몸의 온도가 내려가기 때문에
몸을 따뜻하게 해주는 음식이 좋다고 해요.
100퍼센트 치료법은 아니지만,
감정을 컨트롤하는 데 도움을 줄 수 있는
음식들을 소개해드릴게요.

⚡ 우울할 땐

1. 양배추
양배추에는 흡수가 잘 되는 칼슘이 풍부합니다. 이 칼슘은 예민해진 신경을 누그러뜨리는 작용을 한다고 합니다. 미국 암학회(AACR)에서는 양배추가 스트레스를 감소시켜 주는 효과가 있다고 발표하기도 했지요.

2. 고등어
고등어에 풍부한 오메가3 지방산은 세로토닌 분비를 촉진해 우울증 완화에 도움이 됩니다. 호주 시드니 대학 볼커 박사팀의 연구결과에 따르면 오메가3 지방산을 매일 1g 섭취하면 불안, 수면장애, 자살 충동, 성욕감퇴 등 우울증 증상이 50% 감소했다고 합니다.

4. 시금치
시금치에 들어있는 엽산은 불안감을 해소하고 신경을 안정시키는 데 도움이 되는 세로토닌 분비를 원활하게 합니다. 또한 시금치에 풍부하게 들어 있는 트립토판 역시 세로토닌 생성을 활발하게 해 우울증 극복에 도움이 됩니다. 뿐만 아니라 수면을 유도하는 멜라토닌의 분비를 늘려 마음을 편안하게 만들고 식욕을 조절하는 역할도 합니다.

5. 바나나
바나나에도 시금치와 마찬가지로 트립토판이라 부르는 아미노산이 다량 함유되어 있습니다. 트립토판은 세로토닌이란 신경전달물질을 생성하는 데 필요한 물질로, 세로토닌은 기분, 수면, 기억력, 식욕 등에 관여합니다. 만약 우리 몸에서 세로토닌이 부족하면 식욕이 증가하고 우울하며, 숙면을 취하기 어려워집니다. 특히, 바나나의 껍질을 벗길 때 나오는 하얀 실처럼 생긴 부분에는 과육보다 트립토판이 많이 함유되어 있으므로 버리지 않고 같이 섭취하는 것이 좋습니다.

☆ 화가 날 땐

1. 청국장
청국장은 천연 혈압강하제라고 불리기도 하는데요. 화로 인해 가슴이 답답하거나 혈압이 올라갔을 때 좋은 음식입니다. 콩이 바실러스균에 의해 발효가 되면 다량의 아미노산이 만들어지는데, 이 아미노산이 혈압을 올리는 안지오텐신 전환 효소가 만들어지는 것을 억제하기 때문이지요. 된장이나 낫토도 같은 효능이 있다고 합니다.

2. 감자
감자에는 GABA라는 성분이 풍부한데 이것은 아미노산 신경전달물질로 혈압이 상승하는 것을 억제시켜주는 효과를 가지고 있습니다. 또 감자에는 비타민 C와 B1이 많이 함유되어 있어 불안하거나 초조한 심신에 좋은 음식입니다.

3. 뱅어포
몸에 칼슘이 부족하면 불안, 초조, 우울, 불면 등의 증세가 나타날 수 있습니다. 이는 분노나 정서불안을 유발할 수 있는데요. 뱅어포와 같이 뼈째 먹을 수 있는 멸치, 꽁치, 새우 등을 통해 칼슘을 보충하는 것이 좋습니다.

4. 딸기, 레몬

스트레스를 받으면 혈압이 상승하면서 맥박이 빨라지고 혈당이 올라갑니다. 이 때 비타민 C가 빠르게 소모되는데 하루에 비타민 C를 1~2g만 복용해도 스트레스 호르몬을 정상적인 수준으로 돌릴 수 있기 때문에 비타민 C가 풍부하게 들어있는 과일을 섭취하면 좋습니다.

5. 호두

필수 지방산이 많아 신경전단 물질 생성에 기여하며 스트레스나 초조, 불안을 가라앉혀주는 효능이 있습니다.

☆ 추천 레시피

1. 국 – 맑은 감자 된장국

재료

감자 200g, 양파 100g, 대파(흰 부분) 10cm, 청양고추 1개, 된장 1큰술, 다진 마늘 1큰술, 소금 1/2 작은술
국물 재료 : 국물용 멸치 15g, 다시마 5x5cm 3장, 물 800ml

만드는 법

1. 냄비에 국물 재료를 넣고 센 불에서 끓어오르면 중약 불로 줄여 5분, 다시마를 건져내고 10분간 끓인 다음 멸치를 건져낸다.

2. 감자는 껍질을 벗기고 0.5cm 두께로 썬다.

3. 양파는 먹기좋은 크기로 썰고, 대파와 청양고추는 어슷 썬다.

4. 육수에 된장을 풀고 끓어오르면 감자, 양파, 다진 마늘을 넣고 끓인다.

5. 대파, 청양고추, 소금을 넣고 1분간 더 끓인다.

6. 맛을 보고 소금으로 간을 한다.

2. 밑반찬 - 잔멸치볶음

재료

잔멸치 100g, 당근, 풋고추 등 냉장고에 있는 자투리 채소, 식용유 4큰술, 통깨 1큰술, 설탕 1큰술, 청주 1큰술, 다진 마늘 약간

만드는 법

1. 티를 골라낸 잔멸치는 체에 담아 살살 흔들어 가며 털어 잔부스러기를 없애고 손질한다.

2. 자투리 채소는 껍질을 벗겨 손질한 다음 가늘게 채 썬다. 고추는 반을 갈라 씨를 털어내고 하얀 속을 긁어낸 후 채 썬다.

3. 팬에 기름을 두르고 뜨겁게 달군 다음 다진 마늘을 넣고 잔멸치를 넣어 고루 저어

가면서 볶는다.

4. 잔멸치가 어느정도 볶아져서 기름기가 돌면 채소를 넣고 고루 저어가며 볶는다.
   너무 오래 볶으면 채소가 축 처지므로 주의한다.

5. 간장, 설탕, 청주를 넣어 만든 조림장을 넣어 간을 맞춘다.

3. 간단 아침 - 호두죽

재료

불린 쌀 1컵, 호두 80g, 우유 1컵, 물
4컵, 소금 약간

만드는 법

1. 쌀은 깨끗이 씻어 30분 정도 불린 뒤 물기를 빼준다.

2. 호두는 따뜻한 물에 불려 속껍질까지 벗긴 다음, 기름을 두르지 않은 달군 팬에
   바삭하게 볶는다.

3. 호두를 갈고, 불린 쌀은 물 1컵과 함께 갈아준다.

4. 갈아낸 쌀을 물 3컵, 우유 1컵과 함께 센 불에서 살살 저어가며 끓여준다.

5. 쌀알이 퍼지면서 걸쭉해지면 불을 줄이고 갈아둔 호두를 넣고 섞어 주면서 한소
   끔 더 끓여준다. 소금으로 간한 다음 살짝 한 번 더 끓인다.

4. 간식 - 바나나에스프레소

재료

바나나 1개, 에스프레소 30ml,
두유 100ml

만드는 법

한입 크기로 손질한 바나나와 에스프레소, 두유를 믹서에 간다.

커피향에는 릴랙스 효과가 있고, 두유의 원재료인 대두의 이소플라본 성분은 짜증

해소에 도움이 된다.

☆ 감정조절에 도움이 되는 건강한 식단 짜보기

1주	일	월	화	수	목	금	토
아침							
점심							
저녁							
2주	일	월	화	수	목	금	토
아침							
점심							
저녁							
3주	일	월	화	수	목	금	토
아침							
점심							
저녁							
4주	일	월	화	수	목	금	토
아침							
점심							
저녁							

하고 싶은 거 하고 살아.
누굴 위해 살지 말고 널 위해 살았으면 좋겠어.
네가 없으면 이 세상도 없는 거니까.

- 영화 <7급 공무원>

영상 '잘못된 상식' 스트레스에 매운 음식 NO?!

잘 자야 잘산다

2016년 OECD 통계에 따르면
한국인의 하루 평균 수면 시간은 7시간 41분으로
OECD 국가 중 최하위라고 합니다.
영국 에섹스 대학에서는 일상적인 세 가지 심리적 욕구와
반복되는 악몽 사이의 연관관계에 대해 연구했는데,
연구 결과, 외롭거나 무력하다고 느낀 사람들이
부정적인 꿈을 자주 꿀 가능성이 크다고 밝혔습니다.
만약, 악몽이나 수면장애에 시달리고 있다면
당신은 극심한 스트레스에 시달리고 있을
확률이 높다는 이야기지요.
잠만 푹 자도 각종 질병을 예방하는 데 도움이 됩니다.
잘 자려면 어떻게 해야 할까요?

☆ 잘 자는 법 하나, 가벼운 산책

이른 저녁에 가벼운 운동이나 산책을 하면 숙면에 도움이 됩니다. 산책 후 스트레칭을 해주고 가볍게 샤워하면 금상첨화지요. 과도한 운동은 각성 호르몬인 코티솔을 분비해 깊은 잠에 들 수 없게 만들기 때문에 과격한 운동은 저녁 식사 전에 하는 것이 좋습니다.

☆ 잘 자는 법 둘, 잘 먹기

1. 과식은 금물

너무 늦은 시간 식사는 불면으로 이어지기 쉽습니다. 잠들기 두 시간 전에는 식사 끝내고, 과식하지 않는 것이 좋습니다. 또한 알코올은 분해하는 데 2시간 이상 걸리므로 피하는 것이 좋습니다.

2. 마그네슘 섭취

숙면을 취하기 위한 여러 치료법 중 하나로 마그네슘 섭취가 있습니다. 마그네슘은 인체에서 네 번째로 함유량이 많은 다량 무기질로 천연 진정제 역할을 하고 흥분을 가라앉히는 작용을 하는데요. 숙면을 취할 목적으로 마그네슘을 충분히 섭취하려면 보충제를 통한 섭취 보다는 음식을 통해 섭취하는 것이 좋습니다. 마그네슘은 녹색을 띠는 채소 및 야채, 곡류와 콩류, 견과류에 많이 들어있습니다. 곡류는 가공되는 과정에서 90% 이상의 마그네슘이 파괴되므로 공정과정을 거치지 않은 것을 이용하는 것이 좋습니다.

스피루리나

마그네슘 함유량과 흡수량이 제일 높은 식품으로 가장 오래된 생명체인 만큼 최초의 슈퍼푸드라고 불리기도 합니다. 중금속과 같은 독성물질에 쉽게 오염될 수 있기 때문에 원산지와 공정과정을 잘 확인해야 합니다.

다시마

해초류에 마그네슘이 많이 들어 있는데 특히 다시마는 마그네슘을 포함한 비타민C 아연을 함유해 면역력 증강에도 도움이 됩니다.

각종 견과류

아마씨, 호박씨, 참깨가 호두나 아몬드 등의 견과류보다는 더 많은 마그네슘이 들어 있습니다.

현미, 미강

미강은 현미를 백미로 만드는 과정에서 제거되는 속겨를 의미합니다. 곡류의 마그네슘은 주로 껍질과 씨눈에 많이 붙어 있습니다.

↲ 잘 자는 법 셋, 분위기 조성

밝은 불빛은 뇌로 하여금 각성 호르몬을 분비해 일할 준비를 하게 합니다. 이를 가리켜 '에디슨의 저주'라고 부르는데, 에디슨의 전구 덕에 생활은 편리해졌지만 잠을 빼앗겼다고 해서 붙여진 이름이라고 합니다. 때문에 잠자기 두 시간 전부터는 집 안 분위기를 어둡게 만들어 몸이 잠자는 시간임을 인식하게 하는 것이 좋습니다. 노란 조명은 뇌로 하여금 잠을 유도하는 호르몬인 멜라토닌을 분비하게 합니다.

또 소음을 최대한 차단하고 라벤더, 로즈메리 등 아로마향기가 퍼지도록 오일을 베개나 잠옷 안쪽에 살짝 묻혀보세요.

☆ 잘 자는 법 넷, 스마트폰 안녕

전자기기에서는 블루라이트가 나오는데, 뇌는 이 불빛을 빛으로 인식해 각성 호르몬을 분비합니다. 스마트폰이나 노트북, TV 등은 최대한 멀리 두고 쓰고 자기 직전에는 보지 않는 것이 좋습니다.

☆ 잘 자기 위한 수면 계획

잠들기	할 일
4시간 전 (시)	
3시간 전 (시)	
2시간 전 (시)	
1시간 전 (시)	

"오늘의 토닥토닥"

이걸 기억하겠다고 약속해줘.

넌 네가 믿는 것보다 더 용감하며, 보기보다 강하고

네 생각보다 더 똑똑하단 걸.

- 영화 <곰돌이 푸>

영상　Bed time yoga

지금 필요한건
나를 위한 시간

취업포털 커리어가 진행한 설문에 따르면
구직자가 가장 중요하게 생각하는
행복 키워드는 '소확행(51.8%)'이었습니다.
소확행은 일상에서 느낄 수 있는 작지만
확실하게 실현 가능한 행복을 일컫는 신조어인데요.
일과 삶의 균형을 의미하는 '워라벨(30%)',
'욜로(18.2%)'가 그 뒤를 이었습니다.
응답자의 58.9%가 '가끔 오는 큰 행복보다
자주 느낄 수 있는 작은 행복이 만족감이 더 크다'고
답한 것만 봐도 우리에게 행복을 주는 것은
복권 당첨처럼 대단한 행운이 아닌
삶을 즐기는 소소한 여유와 즐거움에 있다는 걸 알 수 있지요.
어쩌면 널뛰듯 오락가락하는 감정은
나를 위한 시간을 가져달라는 작은 경고가 아닐까요?

✍ 나를 위한 시간, 어떻게 즐길까?

아래에 크게 몇 가지로 취미 카테고리를 나눠 정리해봤습니다. 자신이 가장 해보고 싶은 것과 순위를 매기며 취미별 장,단점을 확인해보세요. 취미별 팁도 있으니, 계획을 세울 때 참고할 수 있겠죠?

		취미 카테고리	내가 하고 싶은 것, 순위
음악	종류	노래, 기타, 우크렐라, 하모니카, 오카리나, 피아노, 바이올린, 섹스폰, 드럼 등	
	장점	수강할 수 있는 학원이나 수업이 많아 배우기가 쉬움.	
	단점	악기를 구입해야 하는 경우 경제적인 부담이 될 수 있음. 단기간 끝나는 것이 아니라 오랜 시간 실력을 쌓아야 하기 때문에 금방 지루해질 수 있음.	
	팁	처음부터 어려운 악기를 선택하기보다 우크렐라나 하모니카처럼 단기간에 배우기 쉽고 가격도 저렴한 악기로 시작하는 것이 좋음. 단기 목표(하우스콘서트나 좋아하는 곡 연주 등)를 세워서 계속 성취감을 느낄 수 있도록 하는 것이 좋음.	

댄스	종류	발레, 벨리댄스, 라인댄스, 스포츠댄스 등
	장점	몸매를 교정하거나 체력을 키우는 효과까지 얻을 수 있음
	단점	정적인 활동을 선호하는 사람의 경우, 체력적으로 부담이 될 수 있음.
	팁	처음부터 일주일에 3회 이상씩 무리한 스케줄을 잡지 말고 천천히 수업시간을 늘려가는 것이 좋음. 평소 정적인 일을 하는 사람에게는 다소 격렬한 신체 활동이, 평소 신체 활동이 많은 일을 하는 사람에게는 정적인 취미 활동이 스트레스 해소에 도움이 된다고 하니 참고할 것.
어학	종류	영어, 일본어, 중국어, 프랑스어, 독일어 등
	장점	자격증이나 어학능력 시험 등 눈에 보이는 성과를 거둘 수 있음. 직접 가서 배우지 않아도 동영상 강의 등을 통해 수강할 수 있어 시간에 쫓기는 사람도 가능.
	단점	자칫 취미보다는 공부에 치중하여 더 큰 스트레스를 야기할 수 있음.
	팁	공부가 아닌 취미로 즐길 수 있도록 처음부터 시험을 목표로 하기보다 여행이나 외국인 친구 사귀기와 같이 동기부여가 되는 흥미로운 목표를 세우는 것이 좋음. 수험서나 문제집 보다는 매일 어학관련 라디오 방송을 듣거나 외국 드라마를 보는 것부터 시작하는 것이 좋음.

미술, 공예	종류	연필화, 수채화, 서예, 캘리그라피, 가죽공예, 가구공예 비즈공예, 뜨개, 자수, 꽃꽂이 등
	장점	자신만의 작품이 쌓여 가는 데서 오는 즐거움 이 있음. 종류에 따라 다르지만 주변에 선물을 하거나 제2의 직업으로 활용할 수 있음.
	단점	종류에 따라 비용이 많이 들 수 있음.
	팁	처음부터 모든 도구와 재료를 구입하기보다 일일 클래스나 공방에서 진행하는 체험 수업 등을 통해 수업을 접해보는 것이 좋음.
요리	종류	궁중요리, 파티음식, 제빵, 바리스타, 다도, 한식, 1인식 등
	장점	식생활 개선에 도움이 될 수 있음. 좋은 음식의 맛과 향은 정서적인 안정에 도움 을 줌.
	단점	재료를 다듬고 음식을 조리하는 데 걸리는 시 간이 있기 때문에 다소 시간을 많이 필요로 함.
	팁	자신이 좋아하는 종류의 음식을 먼저 시작해 보는 것이 좋음. 시간을 필요로 하는 취미이기 때문에 주말이 나 휴일을 활용하는 것이 좋음. 홈파티나 홈카페, 블로그 포스팅 등 개인적인 목표를 세워놓고 배우는 것도 도움이 됨.

여행	종류	배낭여행, 패키지여행, 크루즈여행, 국내여행, 미식여행, 예술지탐방, 학술기행 등 다양한 나라와 지역, 다양한 코스, 테마의 여행
	장점	제대로 된 일탈과 자유를 맛볼 수 있음. 다양한 문화와 지역에 대한 견문을 넓힐 수 있음.
	단점	숙식, 교통비 등 비용이 많이 듦. 자유여행의 경우 일정과 숙박 등을 혼자 처리해야 하는 어려움이 있음. 직장인의 경우, 일정조율이 필요.
	팁	교통편은 1년 전에 구입하는 것이 훨씬 저렴하므로 미리미리 계획을 세워서 준비하는 것이 좋음. 일정에 차질이 없도록 미리 휴가나 월차 등 스케줄을 조정하는 것이 필요. 여행 시 어학에 차질이 없도록 미리 간단한 회화 공부를 해두는 것이 좋음.
운동	종류	탁구, 축구, 야구, 볼링, 등산, 수영 등
	장점	스트레스 해소에 효과적인 활동 정신적인 건강뿐 아니라 신체 건강도 지킬 수 있음
	단점	정적인 활동을 선호하는 사람의 경우, 체력적으로 부담이 될 수 있음
	팁	스트레스 해소에 가장 좋은 것이 자연을 보거나 접하는 것. 등산이나 수영과 같이 자연과 함께할 수 있는 운동을 찾아보는 것도 스트레스 해소에 큰 도움이 될 수 있음

	종류	자기계발서, 문학 등 다양한 책을 통한 간접경험
	장점	시간이나 장소에 구애받지 않고 적은 비용으로도 즐길 수 있음
독서	단점	혼자 하는 정적인 활동이기 때문에 다소 무계획적으로 흘러가기 쉬움
	팁	독서모임이나 독서일기 쓰기 등 꾸준히 해나갈 수 있도록 구체적인 활동 계획을 세워두고 실천하는 것이 좋음

✍ 나를 위한 시간 계획 세우기

취미 카테고리를 참고하여 나를 위한 시간 계획을 세워보세요. 구체적인 계획과 준비할 사항까지 꼼꼼히 찾아보고 지금 당장 해야 할 일부터 시작해보세요.

계획 기간 (장/단기)	스케줄 (요일, 기간)	종류 (또는 여행지)	구체적인 계획

"오늘의 토닥토닥"

깊이

앓으십시오
앓음답도록
아름답도록

- 김형태, '너 외롭구나'

마음을 다스리는
컬러링

컬러링은 원하는 색을 칠하며
복잡한 머리와 마음을 치유하는 '아트테라피'입니다.
스마트폰이나 PC 사용이 일반적인 현대 사회에서
사각사각 소리가 나는 색연필이나 붓을 들고
무언가를 그리거나 색칠할 일은 전혀 없지요.
하지만 이런 아날로그적 활동이 심신의 긴장을 풀어주고
복잡한 생각을 비워준다고 합니다.
이번에는 당신의 머리와 마음을
편안하게 해줄 컬러링들을 준비했답니다.
좋아하는 색들로, 제한 없이 즐기며
스트레스를 날려보세요.

(p198~202까지 더 많은 컬러링이 수록되어 있습니다.)

☆ Dessert Time

달달한 디저트들 컬러링하면서 떨어진 당을 충전해볼까요?

☆ Vacation Time

즐거운 휴가를 떠난다는 생각으로 컬러링해보세요. 스트레스가 확~ 날아갈 거예요.

☆ Lovely Time

내가 사랑하는 사람, 마음 놓고 기댈 수 있는 사람은 누군가요? 그 사람을 떠올리면서 컬러링해보세요. 마음이 금방 말랑말랑하고 따뜻해질 거예요.

"오늘의 토닥토닥"

수고했어, 오늘도.
아무도 너의 슬픔에 관심 없대도
난 널 응원해.
수고했어, 오늘도.

- 옥상달빛, '수고했어, 오늘도'

글   스트레스 해소를 위한 컬러 테라피

무턱대고
헤매기

늘 시간에 쫓기며
지름길을 찾아 두리번거리는 우리.
잠시 긴장의 끈을 놓고
느슨하게 마음껏 헤매보세요.
오랜 시간 헤매다 마주한 출구에서
느끼는 기쁨과 성취감은 복잡한 당신의 마음에
잠시나마 생기를 불어넣어 줄 거예요.

(p203~210까지 더 많은 미로가 수록되어 있습니다.)

FINISH

START

정답

"오늘의 토닥토닥"

난 세상이 큰 기계라고 상상하곤 했어.
기계엔 불필요한 부품들이 들어있지 않아.
딱 필요한 것만 모여 하나가 되잖아.
온 세상이 하나의 큰 기계라면
내가 쓰이는 곳도 어딘가 있을 거야.

그래서 내가 여기에 있는 게 아닐까?
그러면 너도 분명 여기 있는 이유가 있을 거야.

- 영화 <휴고>

강연 내 마음이 지옥일 때

뇌에 휴식을 주는
멍 때리기

우리의 뇌는 휴식이 필요하면 전두엽의 기능이 떨어져
판단력이 흐려지고 충동적으로 변한다고 합니다.
이때 필요한 것이 바로 '멍 때리기'인데요.
가장 이상적인 멍때리기는 하루 5회 음악과 소음도 없는
정리가 잘 된 안정적인 곳, 물건이 최소화된 곳에서
가만히 앉아 아무 생각을 하지 않는 것이라고 합니다.
하루에 한 번씩이라도 퇴근 후나 점심시간 등 시간을 정해
멍 때리는 시간을 가져보는 것은 어떨까요?

☆ 뇌구조 그려보기

지금 머릿속을 온통 채우고 있는 생각들을 써보세요. 당신에게 가장 큰 스트 레스를 주고 당신의 감정을 흔들고 있는 것이 무엇인지, 어떤 생각을 가장 먼 저 비워야 할지 확인할 수 있을 거예요.

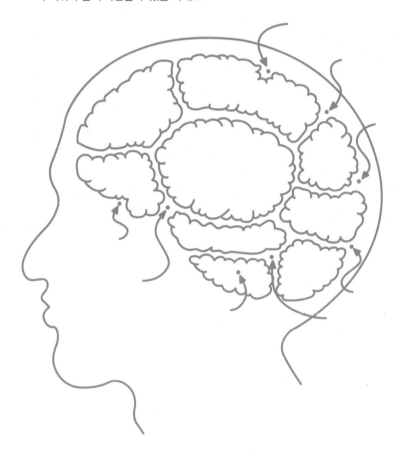

☆ 일상 속 효과적인 멍 때리기 Step 5!

Step1. 머리가 무겁다고 느껴질 때는 잠시 1~2분 동안 눈을 감고 천천히 심호흡하기.

Step2. 지하철을 타거나 걸을 때 이어폰으로 음악 듣지 않기. 심지어 편안하게 들리는 서정적인 음악 역시 뇌를 자극하는 요소가 될 수 있습니다.

Step3. '생각을 버려야 한다'는 것도 생각이기 때문에 그냥 머릿속의 생각들을 흘려보낸다는 상상을 하며 아무 노력도 하지 않기.

Step4. 하루 10분 동안 미각, 후각, 촉각, 시각, 청각의 자극이 없는 곳을 찾아가 멍 때리기.

Step5. 침대에서 스마트폰 최대한 멀리 떨어뜨리기. 게임이나 웹서칭, SNS 등을 사용하다가 뇌가 활성화된 상태로 잠들면 멜라토닌이 억제되어 수면의 질이 떨어지고, 뇌는 더욱 피로감을 느끼게 됩니다.

나한테 여기는 한계선 같은 거예요. 땅끝 같은 거.
여기서 못 버티면 난 아무 데서도 못 버텨요.
여기서 버티면 어디서든 버텨낼 수 있어요.

- 드라마 <청춘시대>

영상 스트레스 '뚝'·자신감 '쑥'…'멍 때리기' 체험

힐링 라디오

쉽지 않죠 바쁘죠
왜 이렇게까지 해야 하나 싶죠
바라는 게 더럽게 많죠
그럴 땐 이 노래를
초콜릿처럼 꺼내 먹어요
- Zion.T, '꺼내 먹어요'

우리 감정은 뇌와도 밀접한 관련이 있는데요.
뇌에 편도체는 감정을 처리하는 일을 하는
가장 중요한 부위 중 하나입니다.
이 편도체가 제대로 작동하지 않으면
우울증과 병적 불안 같은 정신 질환이 생길 수 있지요.
2001년 신경과학자 앤 들러드와 로버트 자토르는
뇌 스캐너를 사용해 사람들이 좋아하는 음악을 듣는 동안
뇌의 혈류를 관찰하는 실험을 했는데요.
그 결과, 보상과 긍정적 감정에 연관되는 뇌 부위로 가는
혈류가 증가한 반면, 편도체로 가는 혈류는
감소했다고 합니다.

슈테판 쾰시 팀이 진행한 또 다른 연구에 의하면,
경쾌한 곡을 들으면 다양한 감정과 연관되는 뇌 부위들의
혈중 산소 수치가 올라가고
불쾌한 불협화음이 난무한 곡을 들으면
높았던 혈중 산소 수치가 떨어졌다고 합니다.
음악을 활용하여 제대로 작동하지 않는 편도체를
다스릴 수도 있다는 것을 발견한 셈이지요.
때로 감정이 고장난 것 같은 기분을 느낄 때
힐링이 되는 노래를 들어보세요.
당신만의 힐링송을 만들어놓는 것도 좋은 방법이랍니다.

✍ 이런 힐링송 어때요?

다음 노래들은 KBS방송문화연구소에서 조사한 '한국인이 사랑하는 힐링송 Top5'에 선정된 곡들입니다. 누구에게도 침해받지 않는 공간에서 음악을 통해 힐링을 경험해보세요. 큐알코드를 통해 감상하실 수 있습니다.

1. 걱정 말아요, 그대

2004년 발표된 전인권의 4집 '전인권과 안 싸우는 사람들'에 타이틀곡입니다. 이 곡은 전인권이 이혼을 겪은 후 써내려간 곡이라고 하는데요. 지나간 아픔을 흘려보내고 현실을 이겨내자는 희망적인 의미를 담은 포크 록으로 이 시대의 힐링송으로 사랑을 받고 있지요.

이 노래를 통해 지난 간 것에 후회하기보다 새롭게 꿈꾸기를 기대하자고, 용기를 내보자고 스스로를 다잡아 보는 건 어떨까요.

> **"**
> 떠난 이에게 노래하세요
> 후회 없이 사랑했노라 말해요
> **"**

2. 거위의 꿈

많은 사람들이 인순이의 노래라고 알고 있지만, 사실 이적과 김동률의 프로젝트 그룹 '카니발' 1집 앨범의 수록곡이었습니다. 김동률의 낮은 목소리와 이적의 높은 음색이 조화를 이루며 당시 젊은 세대들에게 감동을 주었지요.

청년실업, 3포시대, 청소년자살률, 노인빈곤… 현실의 벽은 늘 차갑고 높기만 하지만, 혹시 아나요? 이 벽을 넘어 하늘을 날 수 있는 날개를 당신이 가지고 있을지. 포기하지 않고 희망을 잃지 않는 용기가 필요한 때입니다.

" 언젠가 나 그 벽을 넘고서
저 하늘을 높이 날을 수 있어요 "

3. 아침 이슬

무려 1971년에 발표된 '아침 이슬'은 시대적 배경과 함께 국민들의 상처를 어루만져 주는 곡으로 사랑받고 있습니다. 독재 시절 금지곡이 되어 저항가요의 대명사로 알려졌던 이 곡은 뛰어난 음악성으로도 '한국 대중음악을 세계 수준에 올려놓은 곡', '70년대는 김민기의 「아침이슬」로 시작되었다'라는 극찬을 받은 바 있는 명곡입니다. 풍부한 성량과 맑은 음색이 돋보이는 양희은의 목소리와 함께 잔잔한 감동을 느껴보세요.

" 나 이제 가노라 저 거친 광야에
서러움 모두 버리고 나 이제 가노라 "

4. 사랑으로

해바라기 6집 앨범의 타이틀곡으로 중, 고교 음악교과서에 실릴 정도로 사랑받았던 곡입니다. 사실 이 곡은 한 신문기사를 읽은 뒤 만들어졌다고 하는데요. 환경미화원이던 부모가 일을 나간 사이 생활고에 시달리던 네 자매가 농약을 먹고 자살 시도를 한 기사였습니다. 그래서 이 곡에는 삶의 많은 시련에도 불구하고 사랑으로 다시 일어나자는 감동적인 가사가 담겨 있지요. 혹시지금, 나 혼자만 고통스럽다는 생각에 외로워하고 있다면 이 노래가 작은 위로가 되길 바랍니다.

"
아, 영원히 변치 않을
우리들의 사랑으로
어두운 곳에 손을 내밀어
밝혀주리라

"

5. Bravo, my life

2002년 봄여름가을겨울이 발표한 곡으로 IMF 경제 위기로 위축됐던 국민들에게 희망을 주었던 곡입니다. 성실한 삶에 바치는 응원의 찬가로 쓸쓸한 퇴근길, 격려가 필요한 하루의 끝에 추천하고 싶은 곡이랍니다. 오늘도 수고한 스스로를 향해 박수를 보내보면 어떨까요? 오늘도 정말 수고했다고. 내일이 더 나을 거라고 이야기할 순 없지만, 지금껏 살아온 삶으로도 너는 박수 받아 마땅하다고.

"
Bravo Bravo my life 나의 인생아
지금껏 달려온 너의 용기를 위해

"

♩ 나의 인생곡

당신의 인생곡은 무엇인가요? 어느 한 순간 당신을 추억의 그 시간으로, 장소로, 행복했던 기억으로 데려다주는 당신만의 곡을 떠올려보세요. 그리고 아래에 그 곡의 가사를 차근차근 써내려가 보세요. 그 곡을 당신의 주제곡이자 응원곡이자 힐링송으로 삼아 필요할 때마다 듣는다면 좋은 위로가 될 수 있을 거예요.

Track 1.

Track 2.

"오늘의 토닥토닥"

가장 외로운 사람이 가장 친절하고
가장 슬픈 사람이 가장 밝게 웃는다
그리고 상처 입은 사람이 가장 현명하다
그들은 남들이 자신과 같은 고통을 받는 것을
두려워하기 때문이다.

- 영화, <소원>

분노를 잠재우는
감사일기

나는 '고맙습니다.
나는 진실로 복 받은 사람입니다'
라고 말하지 않고 지나간 날이
단 하루도 없다.

- 오프라 윈프리

가난한 미혼모의 딸로
할머니 손에 자란 흑인.
사촌 오빠에게 성폭행을 당하고
14세 어린 나이에 출산,
2주 만에 아들을 잃고 맙니다.
이후 가출과 마약을 일삼으며
불안한 청소년기를 보냈던 여인.
이 이야기의 주인공은 바로
세계적인 토크쇼 여왕 오프라 윈프리입니다.
그녀는 자신의 삶이 변하게 된 비결로
'감사 일기'를 꼽았는데요.
아무리 바빠도 수십 년째 하루도 빠지지 않고

감사 일기를 쓰고 있다고 합니다.
긍정심리학에서는 감사 편지를 쓰고
그것을 당사자에게 전달했을 때
가장 높은 행복감을 달성했다는 연구결과를 내놓기도 했는데요.
감사 일기뿐 아니라 감사 편지 또한 긍정적인 감정을
만들어 준다는 것에 의심할 여지가 없지요.
불평이나 상처보다는 감사로 마무리하는 하루,
나에게 없는 것에 집중하기보다
나에게 주어진 것에 집중하는 삶.
당신의 삶은 어디에 더 가까운가요?

✍ 오프라 윈프리의 감사 일기 Tip

1. 마음에 드는 노트 고르기
계속 펼쳐볼 마음이 들도록 자신의 취향에 맞는, 가장 마음에 드는 노트를 준비한다.

2. 수시로 펼치기
시간과 장소를 따지지 말고 감사한 일이 생기면 즉시 기록한다. 버스나 지하철에서, 혼자 시간이 날 때 수시로 펼쳐보며 감사한 일들을 읽는다.

3. 하루의 시작과 끝
기상 후나 취침 전과 같이 하루를 돌아볼 수 있는 시간에 감사 일기를 기록한다.

4. 작은 감사부터
거창한 것뿐만이 아니라 일상의 소박한 것도 놓치지 않고 기록한다. 이것은 단순히 나에게 일어난 사건뿐만 아니라 사람들과의 만남과 교류를 통해 받은 긍정적인 느낌이나 기쁨도 포함된다.

5. 모임을 만들자
감사 일기 모임이나 릴레이 모임 등 정기적으로 내가 쓴 감사 내용을 주변 사람과 나누고 격려하면 시너지가 발생할 수 있다.

♡ 감사 일기

오늘 하루, 이번 한 주를 돌아보며 감사 일기를 써보세요. 건강, 환경, 주변 사람들 등 사소한 사건까지 천천히 곱씹어보며 감사한 일과 그것을 통해 느꼈던 행복감을 떠올려보세요. 감사는 단지 느끼는 것에서 끝나는 것보다 기록할 때 진정한 효과가 일어난다고 하니, 매일 감사 일기를 기록해보는 걸 추천해 드립니다.(p212~223까지 감사 일기가 수록되어 있습니다.)

Sample

Date   .   3 .   9

오늘 아침 늦게까지 잘 수 있도록 배려해준 남편, 감사해. 아침,

업무를 시작하려 앉았는데 클라이언트의 마음이 담긴

커피 기프티콘을 받았다. 감사합니다.

마음이 따뜻한 아침을 시작하게 해주셔서.

새로 시작한 운동의 강사 선생님이 골반이 비틀어졌다며 친절히

교정해주셨다. 조금 민망하긴 했지만 몸이 한결 가벼워진 기분! 감사.

오늘을 잘 살아낸 나에게 한 마디

Bravo! My Life !!
내일은 좀 더 나을 거야.

감사 일기

DATE   .   .

오늘을 잘 살아낸 나에게 한 마디

DATE   .   .

오늘을 잘 살아낸 나에게 한 마디

세상은 고통으로도 가득하지만
그것을 극복하는 사람들로도 가득하다.

- 헬렌 켈러

다큐 감사 일기

3장

HEAL

내 감정
안기

인스타그램
후유증

잘난 사람 많고 많지
누군 어디를 놀러 갔다지
좋아요는 안 눌렀어
나만 이런 것 같아서
저기 인스타그램 인스타그램 속엔

- 딘, '인스타그램'

타인과 나의 삶을 비교하고 저울질하는 것은
스스로를 점점 더 작아지게 할 뿐입니다.
이런저런 태그에 새벽까지 두 눈을 질질 끌려 다니지 말고
나, 그리고 내 인생의 성취를 자축하고
앞으로의 계획에 태그를 달아 저장해보세요.

#나는나너는너 #부러우면지는거

#안본다인스타 #내인생에축배를 #브라보마이라이프

☆ 거창한 업적이 아니어도 좋아요. 스스로 정한 규칙을 잘 지켜냈거나 남들에게 도움이 되는 행동을 했거나, 아주 작은 칭찬받을 만했던 일도 괜찮아요. 쓰다보면 놀랄 거예요. 내가 이룬 것들이 의외로 이렇게 많았구나, 하고.

★ **내 가 이 룬 것** ★

수료/졸업	수상	자격증	목표달성	기타

⚡ 우리를 스트레스와 우울감에 빠지게 만드는 원인 중 하나가 바로 '다른 사람에게 집중'해서 스스로를 '비교'의 울타리에 가두는 것이랍니다. 다른 사람이 아닌, '나의 능력', '나의 삶', '나의 꿈'에 집중한다면 내면 깊숙이 솟는 의욕과 열정을 느낄 수 있을 거예요.

★ 앞 으 로 이 룰 것 ★

우선 순위	목표	구체적 계획
1		
2		
3		
4		
5		
6		
7		
8		
9		
10		

"오늘의 토닥토닥"

정말로 행복한 나날이란
멋지고 놀라운 일이 일어나는 날이 아니라
진주알들이 하나하나 한 줄로 꿰어지듯이,
소박하고 자잘한 기쁨들이
조용히 이어지는 날들인 것 같아요.

– 몽고메리, 《빨강머리 앤》

강연 청춘의 질문, 열등감에 대처하는 2가지 자세

날카로운 이빨 찾기

각자무치(角者無齒)를 아시나요?
뿔이 있는 짐승은 날카로운 이가 없다는 뜻의 사자성어로,
한 사람이 모든 재주나 복을
다 가질 수는 없다는 의미를 가진 말입니다.
반대로 생각해볼까요?
아무리 못난 사람이라도 다른 사람에게는 없는
재주나 장점을 갖고 있다는 말이 되지요.
내게 없는 다른 사람의 멋진 뿔을 부러워하기보다는
나만의 날카로운 이빨을 찾아보는 건 어떨까요?
있는 그대로의 나를 인정하고 사랑하는 것에서부터
행복은 시작됩니다.

✍ 내 행복의 척도

소아마비라는 장애를 딛고 교수가 된 故 장영희 교수는 이렇게 말했습니다.

"내가 살아보니 남들의 가치 기준에 따라 내 목표를 세우는 것이 얼마나 어리석고, 나를 남과 비교하는 것이 얼마나 시간 낭비이고, 그렇게 함으로써 내 가치를 깎아 내리는 것이 얼마나 바보 같은 짓인 줄 알겠다. 그렇게 하는 것은 결국 중요하지 않을 것을 위해 진짜 중요한 것을 희생하고, 내 인생을 잘게 조각내어 도랑에 집어넣는 일이다."

내가 생각하는 행복에 대해 써보세요. 그리고 그것이 누구에게서 출발하고 있나요? '행복'을 이야기할 때 누군가를 떠올리지는 않나요?

✧ 내가 행복한 이유

행복의 척도를 점검하고 바로 세워보는 것도 의미 있는 일일 거예요. '비록 누군가만큼 이렇지는 못하지만, 난 충분히 괜찮은 사람이야.' 나만의 강점을 써보고, 행복감을 느끼는 때를 떠올리며 나를 행복하게 만드는 것들을 써보세요. 그러면 앞으로 이 행복감을 유지하는 당신만의 비결을 찾을 수 있을 거예요.

"난 충분히 괜찮은 사람이야" 나만의 강점 써보기	
"정말, 행복하다" 나를 행복하게 만드는 것들 써보기	
"행복의 척도" 행복함을 유지하는 비결	

누구나 행복을 꿈꾼다.
누구나 가지지 못할 걸 욕망한다.
그래야 행복해질 거라 생각한다.
하지만 행복은 그 욕망을 비울 때
오히려 내 삶을 더욱 빛나게 채워준다.
난 지금 행복하다.

- 드라마 <품위 있는 그녀>

영상 플라톤이 말하는 행복의 조건 다섯 가지

감정과 몸의
연결고리

자세가 기분을 만든다는 이야기 들어 보셨나요?
한 예로, 목을 빼는 자세와 우울증에 대한 주장이 있습니다.
목 근육에는 감각 수용기인 근방추라는 센서가 많이 있기 때문에
목근육의 긴장은 근방추의 기능을 저해할 수 있다고 합니다.
그래서 목을 빼는 자세는 현기증이 일으켜
몸을 휘청거리게 만들 수 있지요.
이러한 상태가 지속되면 "내가 왜 자꾸 이러지"하는 불안감이
증폭되어 공황증이나 우울증에 빠지기 쉬워진다고 합니다.
이것은 한 예에 불과할뿐
우리 감정이 신체적 건강과도 밀접한 관계가 있다는 것은
누구도 부정할 수 없는 사실이지요.
건강한 신체에 건강한 정신에 깃든다는 말처럼
자신의 몸을 돌아보고 건강한 습관과 운동 계획을
세워 실천하는 것이 중요합니다.

☆ 내 몸 파악하기

평소 불편하거나 통증을 느끼는 신체부위	
내가 갖고 있는 알러지나 지병, 수술 경험	
최근 6개월 동안 병원에 방문한 횟수와 병명	
최근 1년간 몸무게 변화	
복용중인 약	
복용중인 영양제, 보조식품	
가장 최근에 받은 건강검진일	

건강검진 결과	치료할 것 :	개선할 것 :

정기적으로 하는 운동, 운동 스케줄	운동명 :	주 회 (요일) 시간 : ~ (시간)

✧ 스트레스를 부르는 생활 습관 체크하기

바르지 않은 자세와 같이 생활 습관 때문에 스트레스가 유발되기도 합니다. 다음 중 자신에게 해당하는 항목에 체크하며 어떤 점을 개선해야 할지 고민해보세요.

1. 바른 자세

휴식을 취할 때면 항상 눕거나 앉아 무언가를 먹으며 TV를 시청하는 사람들이 있지요. 이러한 행동이 물론 스트레스 해소에 도움이 안 되는 것은 아니지만 주말 내내 이와 같은 행동을 한다면 스트레스 강도는 점점 강해져 신체와 정신을 나약하게 만들 수 있다고 합니다.

또 너무 한 자세를 오래 유지할 경우, 피로감을 느낄 수 있으므로 업무나 학업 중간 중간 잠시 일어나 스트레칭을 하거나 자세를 바꿔주는 것이 좋습니다.

2. 소비 습관

보통 기분이 좋지 않을 때 쇼핑을 하면 기분이 좋아지는 것을 느낄 수 있지요? 하지만 사실상 이것은 감정을 더욱 악화시키는 역할을 한다고 합니다. 기분에 따라 불필요한 소비를 하다보면 나중에 카드 명세서가 날아올 때, 또는 사용하지도 않는 많은 물건들을 정리할 때마다 스트레스를 받기 때문이지요.

3. 불규칙적인 생활

천천히 골고루, 편하게 먹고 일정한 시간에 잠이 드는 규칙적인 생활을 하는 것이 스트레스 관리에 큰 도움이 됩니다. 일반적으로 수면시간은 6~8시간이 적당합니다.

4. 긴장풀기

몸이 경직되어 있으면 자연스레 불안감이 커질 수밖에 없습니다. 수시로 눈을 감고 복식호흡을 하며 편안한 자세로 긴장을 풀어주는 것이 필요합니다.

5. 시간관리

늘 뒤죽박죽인 무계획적인 삶을 사는 사람은 건강을 해칠 수밖에 없습니다. 늘 할 일들의 우선순위를 세우고 하지 않아도 되는 것은 과감히 내버리는 현명한 시간관리가 중요합니다.

검진, 치료할 부분과 계획	
운동 계획	
바른 습관 계획	

"오늘의 토닥토닥"

자기가 쓸모 있는 사람인지 아닌지는
다른 사람이 판단하는 게 아닙니다.
스스로 판단하고 행동하세요.
자신이 어떤 사람인지,
또 어떤 일을 해야 하는 사람인지.

- 드라마 <자체발광 오피스>

글　나에게 맞는 운동 찾기

나만의
버킷리스트

우리네 삶은 흐르는 물 같아.
하나의 강에서 만나
폭포 너머 안개 속 천국으로 흐른다네.
당신은 살면서 인생의 기쁨을 찾았는가?

- 영화 <버킷리스트>

언제 어디서 어떻게 죽음을 맞을지
아무도 알지 못합니다.
만약 당신에게 남은 시간이
단 몇 개월뿐이라면
어떤 후회가 먼저 떠오르나요?
당신의 인생에 후회가 없도록
꼭 해보고 싶은 것들을 버킷리스트로 써보세요.
이루지 못할 소망이라고 해도
하고 싶은 것들을 적어보는 것만으로도
생각지 못한 기쁨과 기대가 샘솟는 걸 느낄 수 있을 거예요.
다시 한 번, 영화 속 물음을 당신에게 던져봅니다.
'당신은 인생의 기쁨을 찾았나요?'

✍ 나만의 버킷리스트

○ --
○ --
○ --
○ --
○ --
○ --
○ --
○ --
○ --
○ --
○ --
○ --
○ --
○ --
○ --
○ --

"오늘의 토닥토닥"

오늘은 당신의 남은 인생이 시작되는
첫 번째 날이다.

- 영화 <아메리칸 뷰티>

영상 말기암 영국 청년의 '버킷 리스트'

나에게 보내는
편지

10년 후,
나는 누구와 어떤 삶을 살고 있을까요?
지금보다 더 행복한 삶을 살고 있을까요?
당신의 바람과 응원을 담아
10년 후 나에게 편지를 써보세요.
스스로를 사랑하고 응원하는 것,
그리고 미래의 삶을 꿈꾸는 것만큼
당신을 일으켜 주는 것은 없답니다.
그리고 이 편지를 메일로 옮겨
10년 후 이 시간에 도착하도록
예약 메일을 써보세요.
미래의 당신이 느낄 행복과
이 편지를 생각하며 힘을 낼
당신의 삶을 응원하면서 말이에요.

to. ———————

from. ....

상실감에 가장 좋은 치료법은 위로와 포옹이야.

- 영화 <빅 히어로>

가고자하는 곳이
정확하다면

열등감은 감정을 좀먹는 곰팡이와 같다는 말이 있습니다.
하지만 이 열등감은 '정확한 목표'와 '충실한 삶' 앞에
무너진다고 전문가들은 말합니다.
과거의 상처, 현재의 실패보다는
삶의 목표를 바로 세우고 그것을
성실하게 이뤄나가는 일상을 갖춘다면
당신의 삶에 열등감이 끼어들 자리는 없을 거예요.
감정을 좀 먹는 곰팡이 청소,
지금부터 시작해볼까요?

☆ 인생 그래프

과거의 어떤 상처와 경험이 내 감정을 좀먹는 곰팡이가 되었는지 확인하는 것에서 마음 청소는 출발합니다. 당신의 인생 그래프를 완성해보세요.

인생점수   **나의 인생 곡선**

+10

0

-10   **나이**

가장 기억에 남는 사건	
가장 행복했던 사건	
가장 슬펐던 사건	
다시 돌아갈 수 있다면?	

✍ 제2의 인생 그래프

그럼 이번에는 미래의 인생 그래프를 그려볼까요? 내가 이루고자 하는 것들,
앞으로 헤쳐나가야 할 것들을 생각하며 그래프를 완성해보세요.

삶의 목표		
그것을 이루기 위해 해야 할 것들	단기(1년 계획)	
	단기(5년 계획)	
	장기(10년 계획)	

"오늘의 토닥토닥"

네 눈은 너의 세상만을 보여줘.
1인칭 시점이지.
오직 너만이 주인공이야.
너의 세상이야.

– 웹툰, <죽음에 관하여>

영상 내게 죽음이 배달되었다

그 누구보다
그대가 아름답다

어린 시절 늘 외로웠기 때문에 그 외로움을
달래기 위해 스스로에게 말을 자주 걸었어요.
이걸 하자, 저건 하지 말자, 기쁘다, 슬프다
혹은 지금 나는 무엇을 하고 있나… 등
끊임없이 말을 걸었어요.
그런데, 어느 순간부터 말을 걸고 있지 않더라고요.
다시 스스로에게 말을 걸어보았죠.
그랬더니 전혀 다른 관점이 생기더군요.

- 가수 김태원

어린 시절부터 외로움, 우울함과 싸워야 했다는
김태원은 자살 캠페인 활동을 하며
특별한 활동을 시작했다고 합니다.
바로 '그 누구보다 그대가 아름답다'고 쓴
쪽지를 서로에게 건네 주는 것인데요.
누구에게도 주목받지 못한다고 느끼는 누군가에게
누구도 나를 사랑하지 않는다고 느끼는 누군가에게
나는 정말 혼자라고 느끼는 누군가에게

이 쪽지가 전해져 마음 한구석을 따뜻하게 해줄 수 있다면.
쓰는 이도, 전하는 이도, 받는 이도
아름다운 위로를 받을 수 있다면 얼마나 행복할까요?
진정한 행복은 혼자 간직하는 것이 아닌
누군가에게 다가가 건네고 나누는 것으로 완성된답니다.
당신의 주변에 위로가 필요한 사람을 위해
오늘, 따뜻한 글을 써서 건네보는 건 어떨까요?

"오늘의 토닥토닥"

오늘 하루도 견디느라 수고했어.
내일도 버티고, 모레도 견디고,
계속, 계속 살아남으라고.

- 드라마 <미생>

강연 스트레스를 친구로 만드는 법

4장

Daily Check

내 감정 노트

내 감정은 '스스로', '수시로' 돌아봐주자

매일 쓰는 '감정노트'로 하루 내 마음을 체크해봐요.

Sanple

오늘의 감정 컨디션	오전	오후
DATE 2018. 2. 20	상 중 하	상 중 하

♥ 나를 행복하게 한 사건 / 사람

> 아침 출근버스를 정확한 시간에
> 맞춰 타고 옴. 나이스 타이밍!!

🔥 나를 우울하게 / 화나게 한 사건 / 사람

> 어젯밤 늦은 통화로 수면 X. 회의시간
> 뒷북치는 동료 때문에 기운빠짐.

📷 오늘의 감정 처방

> 스마트폰 멀리두고 푹자자.
> 숙면을 위한 스트레칭 하기.

🌷 오늘의 감정 화분

회의시간 스트레스

그래도 극복!
마무리는 감사
행복찾기

신경질적, 예민, 까칠

피로, 스트레스

🍀 오늘의 감사한 일

> 건강히, 무사히 오늘 하루도 살 수 있었던 것.
> 예민, 까칠 모드였던 나를 용납해준 우리 팀원들의 배려

🎖 오늘도 수고한 내 마음에게 주는 '마음 훈장'

> 밤하늘 별 하나 마음에 둘 여유도 없는 너
> 그래도, 너는 여전히 눈부시니까 힘을 내!

오늘의 감정 컨디션	오전	오후
DATE　.　.	상　중　하	상　중　하

♥ 나를 행복하게 한 사건 / 사람

🏵 오늘의 감정 화분

🔥 나를 우울하게 / 화나게 한 사건 / 사람

💊 오늘의 감정 처방

🐦 오늘의 감사한 일

🎖 오늘도 수고한 내 마음에게 주는 '마음 훈장'

오늘의 감정 컨디션	오전	오후
DATE . .	상 중 하	상 중 하

♥ 나를 행복하게 한 사건 / 사람

🌷 오늘의 감정 화분

🔥 나를 우울하게 / 화나게 한 사건 / 사람

🧰 오늘의 감정 처방

🐦 오늘의 감사한 일

🏅 오늘도 수고한 내 마음에게 주는 '마음 훈장'

오늘의 감정 컨디션	오전	오후
DATE . .	상 중 하	상 중 하

♥ 나를 행복하게 한 사건 / 사람

🌱 오늘의 감정 화분

🔥 나를 우울하게 / 화나게 한 사건 / 사람

💊 오늘의 감정 처방

👍 오늘의 감사한 일

🎖 오늘도 수고한 내 마음에게 주는 '마음 훈장'

오늘의 감정 컨디션	오전	오후
DATE . .	상 중 하	상 중 하

♥ 나를 행복하게 한 사건 / 사람

🌷 오늘의 감정 화분

🔥 나를 우울하게 / 화나게 한 사건 / 사람

➕ 오늘의 감정 처방

🐤 오늘의 감사한 일

🎖 오늘도 수고한 내 마음에게 주는 '마음 훈장'

오늘의 감정 컨디션	오전	오후
DATE . .	상 중 하	상 중 하

♥ 나를 행복하게 한 사건 / 사람

🌷 오늘의 감정 화분

🔥 나를 우울하게 / 화나게 한 사건 / 사람

📷 오늘의 감정 처방

🐤 오늘의 감사한 일

🎖 오늘도 수고한 내 마음에게 주는 '마음 훈장'

오늘의 감정 컨디션	오전	오후
DATE . .	상 중 하	상 중 하

♥ 나를 행복하게 한 사건 / 사람

🌱 오늘의 감정 화분

🔥 나를 우울하게 / 화나게 한 사건 / 사람

💊 오늘의 감정 처방

🐤 오늘의 감사한 일

🎖 오늘도 수고한 내 마음에게 주는 '마음 훈장'

오늘의 감정 컨디션	오전	오후
DATE . .	상 중 하	상 중 하

♥ 나를 행복하게 한 사건 / 사람

🌱 오늘의 감정 화분

🔥 나를 우울하게 / 화나게 한 사건 / 사람

💊 오늘의 감정 처방

🕊 오늘의 감사한 일

🏅 오늘도 수고한 내 마음에게 주는 '마음 훈장'

오늘의 감정 컨디션	오전	오후
DATE . .	상 중 하	상 중 하

♥ 나를 행복하게 한 사건 / 사람

♥ 오늘의 감정 화분

🔥 나를 우울하게 / 화나게 한 사건 / 사람

➕ 오늘의 감정 처방

🐤 오늘의 감사한 일

🎖 오늘도 수고한 내 마음에게 주는 '마음 훈장'

오늘의 감정 컨디션	오전	오후
DATE . .	상 중 하	상 중 하

♥ 나를 행복하게 한 사건 / 사람

🌱 오늘의 감정 화분

🔥 나를 우울하게 / 화나게 한 사건 / 사람

🩹 오늘의 감정 처방

🐦 오늘의 감사한 일

🎖 오늘도 수고한 내 마음에게 주는 '마음 훈장'

오늘의 감정 컨디션	오전	오후
DATE . .	상 중 하	상 중 하

♥ 나를 행복하게 한 사건 / 사람

🌱 오늘의 감정 화분

🔥 나를 우울하게 / 화나게 한 사건 / 사람

💊 오늘의 감정 처방

🕊 오늘의 감사한 일

🎖 오늘도 수고한 내 마음에게 주는 '마음 훈장'

오늘의 감정 컨디션	오전	오후
DATE . .	상 중 하	상 중 하

♥ 나를 행복하게 한 사건 / 사람

♨ 나를 우울하게 / 화나게 한 사건 / 사람

🏥 오늘의 감정 처방

🌱 오늘의 감정 화분

🕊 오늘의 감사한 일

🎖 오늘도 수고한 내 마음에게 주는 '마음 훈장'

오늘의 감정 컨디션	오전	오후
DATE . .	상 중 하	상 중 하

♥ 나를 행복하게 한 사건 / 사람

🌱 오늘의 감정 화분

🔥 나를 우울하게 / 화나게 한 사건 / 사람

➕ 오늘의 감정 처방

🐥 오늘의 감사한 일

👑 오늘도 수고한 내 마음에게 주는 '마음 훈장'

오늘의 감정 컨디션	오전	오후
DATE . .	상 중 하	상 중 하

♥ 나를 행복하게 한 사건 / 사람

🌷 오늘의 감정 화분

🔥 나를 우울하게 / 화나게 한 사건 / 사람

💊 오늘의 감정 처방

🐤 오늘의 감사한 일

🎖 오늘도 수고한 내 마음에게 주는 '마음 훈장'

오늘의 감정 컨디션	오전	오후
DATE . .	상 중 하	상 중 하

♥ 나를 행복하게 한 사건 / 사람

🌷 오늘의 감정 화분

🔥 나를 우울하게 / 화나게 한 사건 / 사람

🏥 오늘의 감정 처방

🐦 오늘의 감사한 일

🏅 오늘도 수고한 내 마음에게 주는 '마음 훈장'

오늘의 감정 컨디션	오전	오후
DATE . .	상 중 하	상 중 하

♥ 나를 행복하게 한 사건 / 사람

🌷 오늘의 감정 화분

🔥 나를 우울하게 / 화나게 한 사건 / 사람

➕ 오늘의 감정 처방

🐤 오늘의 감사한 일

🎖 오늘도 수고한 내 마음에게 주는 '마음 훈장'

오늘의 감정 컨디션	오전	오후
DATE . .	상　중　하	상　중　하

♥ 나를 행복하게 한 사건 / 사람

🌱 오늘의 감정 화분

🔥 나를 우울하게 / 화나게 한 사건 / 사람

💊 오늘의 감정 처방

🐤 오늘의 감사한 일

♨ 오늘도 수고한 내 마음에게 주는 '마음 훈장'

오늘의 감정 컨디션	오전	오후
DATE . .	상 중 하	상 중 하

♥ 나를 행복하게 한 사건 / 사람

🌷 오늘의 감정 화분

🔥 나를 우울하게 / 화나게 한 사건 / 사람

💊 오늘의 감정 처방

🐦 오늘의 감사한 일

🎖 오늘도 수고한 내 마음에게 주는 '마음 훈장'

오늘의 감정 컨디션	오전	오후
DATE . .	상 중 하	상 중 하

♥ 나를 행복하게 한 사건 / 사람

🌷 오늘의 감정 화분

🔥 나를 우울하게 / 화나게 한 사건 / 사람

💼 오늘의 감정 처방

🌿 오늘의 감사한 일

🎖 오늘도 수고한 내 마음에게 주는 '마음 훈장'

오늘의 감정 컨디션	오전	오후
DATE . .	상 중 하	상 중 하

♥ 나를 행복하게 한 사건 / 사람

🌱 오늘의 감정 화분

🔥 나를 우울하게 / 화나게 한 사건 / 사람

➕ 오늘의 감정 처방

🐤 오늘의 감사한 일

🎖 오늘도 수고한 내 마음에게 주는 '마음 훈장'

오늘의 감정 컨디션	오전			오후		
DATE . .	상	중	하	상	중	하

♥ 나를 행복하게 한 사건 / 사람

🌱 오늘의 감정 화분

🔥 나를 우울하게 / 화나게 한 사건 / 사람

🏥 오늘의 감정 처방

🐥 오늘의 감사한 일

🏅 오늘도 수고한 내 마음에게 주는 '마음 훈장'

오늘의 감정 컨디션	오전	오후
DATE . .	상 중 하	상 중 하

♥ 나를 행복하게 한 사건 / 사람

🌷 오늘의 감정 화분

🔥 나를 우울하게 / 화나게 한 사건 / 사람

➕ 오늘의 감정 처방

🐣 오늘의 감사한 일

🎖 오늘도 수고한 내 마음에게 주는 '마음 훈장'

오늘의 감정 컨디션	오전	오후
DATE . .	상 중 하	상 중 하

♥ 나를 행복하게 한 사건 / 사람

🌱 오늘의 감정 화분

🔥 나를 우울하게 / 화나게 한 사건 / 사람

🏥 오늘의 감정 처방

🐦 오늘의 감사한 일

🎖 오늘도 수고한 내 마음에게 주는 '마음 훈장'

오늘의 감정 컨디션	오전	오후
DATE . .	상 중 하	상 중 하

♥ 나를 행복하게 한 사건 / 사람

🌱 오늘의 감정 화분

🔥 나를 우울하게 / 화나게 한 사건 / 사람

💊 오늘의 감정 처방

🐤 오늘의 감사한 일

🎖 오늘도 수고한 내 마음에게 주는 '마음 훈장'

오늘의 감정 컨디션	오전	오후
DATE . . .	상 중 하	상 중 하

♥ 나를 행복하게 한 사건 / 사람

🌱 오늘의 감정 화분

🔥 나를 우울하게 / 화나게 한 사건 / 사람

➕ 오늘의 감정 처방

🐤 오늘의 감사한 일

🎖 오늘도 수고한 내 마음에게 주는 '마음 훈장'

오늘의 감정 컨디션	오전	오후
DATE . .	상 중 하	상 중 하

♥ 나를 행복하게 한 사건 / 사람

🌷 오늘의 감정 화분

🔥 나를 우울하게 / 화나게 한 사건 / 사람

💊 오늘의 감정 처방

🐤 오늘의 감사한 일

🎖 오늘도 수고한 내 마음에게 주는 '마음 훈장'

오늘의 감정 컨디션	오전	오후
DATE . .	상 중 하	상 중 하

♥ 나를 행복하게 한 사건 / 사람

🌱 오늘의 감정 화분

🔥 나를 우울하게 / 화나게 한 사건 / 사람

💊 오늘의 감정 처방

🕊 오늘의 감사한 일

🏅 오늘도 수고한 내 마음에게 주는 '마음 훈장'

오늘의 감정 컨디션	오전			오후		
DATE . .	상	중	하	상	중	하

♥ 나를 행복하게 한 사건 / 사람

🔥 나를 우울하게 / 화나게 한 사건 / 사람

💊 오늘의 감정 처방

🌱 오늘의 감정 화분

🐤 오늘의 감사한 일

🎖 오늘도 수고한 내 마음에게 주는 '마음 훈장'

오늘의 감정 컨디션	오전	오후
DATE . .	상 중 하	상 중 하

♥ 나를 행복하게 한 사건 / 사람

🌱 오늘의 감정 화분

🔥 나를 우울하게 / 화나게 한 사건 / 사람

💊 오늘의 감정 처방

🐤 오늘의 감사한 일

🎖 오늘도 수고한 내 마음에게 주는 '마음 훈장'

오늘의 감정 컨디션	오전	오후
DATE . .	상 중 하	상 중 하

♥ 나를 행복하게 한 사건 / 사람

🏵 오늘의 감정 화분

🔥 나를 우울하게 / 화나게 한 사건 / 사람

➕ 오늘의 감정 처방

🕊 오늘의 감사한 일

🎖 오늘도 수고한 내 마음에게 주는 '마음 훈장'

오늘의 감정 컨디션	오전	오후
DATE . .	상 중 하	상 중 하

♥ 나를 행복하게 한 사건 / 사람

🌷 오늘의 감정 화분

🔥 나를 우울하게 / 화나게 한 사건 / 사람

💊 오늘의 감정 처방

🐦 오늘의 감사한 일

👑 오늘도 수고한 내 마음에게 주는 '마음 훈장'

부록

☆ Coloring Time

컬러링하면서 떨어진 당을 충전해볼까요?

☆ 미로를 찾으면서 스트레스를 풀어볼까요?

START

FINISH

정답

START

FINISH

정답

FINISH

START

정답

START

FINISH

정답

오늘 하루, 이번 한 주를 돌아보며 감사 일기를 써보세요.

DATE   .   .

오늘을 잘 살아낸 나에게 한 마디

DATE   .   .

오늘을 잘 살아낸 나에게 한 마디

감사 일기

DATE   .   .

오늘을 잘 살아낸 나에게 한 마디

DATE   .   .

오늘을 잘 살아낸 나에게 한 마디

♥ 감사 일기

DATE   .   .

....
....
....
....
....
....
....
....
....
....
....
....

오늘을 잘 살아낸 나에게 한 마디

DATE   .   .

오늘을 잘 살아낸 나에게 한 마디

♥ 감사 일기

DATE   .   .

오늘을 잘 살아낸 나에게 한 마디

DATE   .   .

오늘을 잘 살아낸 나에게 한 마디

DATE　　　　.　　　　.

오늘을 잘 살아낸 나에게 한 마디

DATE   .   .

오늘을 잘 살아낸 나에게 한 마디

감사 일기

DATE　　　　.　　　.

오늘을 잘 살아낸 나에게 한 마디

DATE   .   .

오늘을 잘 살아낸 나에게 한 마디

이 도서의 국립중앙도서관 출판예정도서목록(CIP)은 서지정보유통지원시스템 홈페이지
(http://seoji.nl.go.kr)와 국가자료공동목록시스템(http://www.nl.go.kr/kolisnet)에서
이용하실 수 있습니다.(CIP제어번호 : CIP2020037637)

**코로나시대
집콕을 즐기는 방법**

초판 1쇄 발행 2020년 9월 25일

엮은이 YM기획
감수 차희연
펴낸이 추미경

책임편집 김선숙 / **디자인** 정혜욱 / **마케팅** 신용천

펴낸곳 베프북스 / **주소** 경기도 고양시 덕양구 화중로 130번길 48, 6층 603-2호
전화 031-968-9556 / **팩스** 031-968-9557
출판등록 제2014-000296호

ISBN 979-11-90546-07-2 (13190)

전자우편 befbooks15@naver.com / **블로그** http://blog.naver.com/befbooks75
페이스북 https://www.facebook.com/bestfriendbooks75